BuddhAll

All is Buddha.

BuddhAll.

BuddhAll

BuddhAll

無邊莊嚴會密意

談錫永 著

'Phags pa sgo mtha' yas pa rnam par sbyong ba bstan pa'i le'u shes bya ba theg pa chen po'i mdo

目　錄

釋迦牟尼

總序

一　說密意

本叢書的目的在於表達一些佛家經論的密意。甚麼是密意？即是「意在言外」之意。一切經論都要用言說和文字來表達，這些言說和文字只是表達的工具，並不能如實表出佛陀說經、菩薩造論的真實意，讀者若僅依言說和文字來理解經論，所得的便只是一己的理解，必須在言說與文字之外，知其真實，才能通達經論。

《入楞伽經》有偈頌言 ——

由於其中有分別　名身句身與文身
凡愚於此成計著　猶如大象溺深泥[1]

這即是說若依名身、句身、文身來理解經論，便落於虛妄分別，由是失去經論的密意、失去佛與菩薩的真實說。所以在《大涅槃經》中，佛說「四依」（依法不依人、依義不依語、依智不依識、依了義不依不了義），都是依真實而不依虛妄分別，其中的「依義不依語」，正說明讀經論須依密意而非依言說文字作理解。佛將這一點看得很嚴重，在經中更有頌言 ——

1　依拙譯《入楞伽經梵本新譯》，第二品，頌172。台北：全佛文化，2005。下引同。

彼隨語言作分別　　即於法性作增益
以其有所增益故　　其人當墮入地獄[2]

這個頌便是告誡學佛的人不應依言說而誹謗密意，所以在經中便有如下一段經文——

> 世尊告言：大慧，三世如來應正等覺有兩種教法義（dharma-naya），是為言說教法（deśanā-naya）、自證建立教法（siddhānta-pratyavasthāna-naya）。
>
> 云何為言說教法之方便？大慧，隨順有情心及信解，為積集種種資糧而教導經典。云何為觀修者離心所見分別之自證教法？此為自證殊勝趣境，不墮一異、俱有、俱非；離心意意識；不落理量、不落言詮；此非墮入有無二邊之外道二乘由識觀可得嚐其法味。如是我說為自證。[3]

由此可知佛的密意，即是由佛內自證所建立的教法，只不過用言說來表達而已。如來藏即是同樣的建立，如來法身不可思議、不可見聞，由是用分別心所能認知的，便只是如來法身上隨緣自顯現的識境。所以，如來法身等同自證建立教法，顯現出來的識境等同言說教法，能認知經論的密意，即如認知如來法身，若唯落於言說，那便是用「識觀」來作分別，那便是對法性作增益，增益一些識境的名言句義於法性上，那便是對佛密意的誹謗、對法性的損害。

這樣，我們便知道理解佛家經論密意的重要，若依文解

2　同上，第三品，頌 34。

3　同上，第三品，頁 151。

字，便是將識境的虛妄分別，加於無分別的佛內自證智境上，將智境增益名言句義而成分別，所以佛才會將依言說作分別看得這麼嚴重。

二　智識雙運

由上所說，我們讀經論的態度便是不落名言而知其密意，在這裡強調的是不落名言，而不是摒除名言，因為若將所有名言都去除，那便等於不讀經論。根據言說而不落言說，由是悟入經論的密意，那便是如來藏的智識雙運，亦即是文殊師利菩薩所傳的不二法門。

我們簡單一點來說智識雙運。

佛內自證智境界，名為如來法身。這裡雖說為「身」，其實只是一個境界，並非有如識境將身看成是個體。這個境界，是佛內自證的智境，所以用識境的概念根本無法認知，因此才不可見、不可聞，在《金剛經》中有偈頌說 ——

若以色見我　以音聲求我
是人行邪道　不能見如來

色與音聲都是識境中的顯現，若以此求見如來的法身、求見如來的佛內智境，那便是將如來的智境增益名言，是故稱為邪道。

如來法身不可見，因為遍離識境。所以說如來法身唯藉依於法身的識境而成顯現，這即是依於智識雙運而成顯現。經論的密意有如如來法身，不成顯現，唯藉依於密意的言說而成顯現，這亦是依於智識雙運而成顯現。如果唯落於言說，那便有如「以色見我，以音聲求我」，當然不能見到智境、不能見到經論的密意。不遣除言說而見密意，那便是由智識雙運而見，這在《金剛經》中亦有一頌言（義淨譯）——

應觀佛法性　即導師法身
法性非所識　故彼不能了

是即不離法性以見如來法身（導師法身），若唯落識境（言說），即便不能了知法性，所謂不離法性而見，便即是由智識雙運的境界而見，這亦即是不二法門的密意，雜染的法與清淨的法性不二，是即於智識雙運的境界中法與法性不二。

然而，智識雙運的境界，亦即是如來藏的境界，筆者常將此境界比喻為螢光屏及屏上的影像，螢光屏比喻為如來法身，即是智境；法身上有識境隨緣自顯現，可比喻為螢光屏上的影像，即是識境。我們看螢光屏上的影像時，若知有螢光屏的存在，那便知道識境不離智境而成顯現（影像不離螢光屏而成顯現），因此無須離開影像來見螢光屏（無須離開言說來見密意），只須知道螢光屏唯藉影像而成顯現（密意唯藉言說而成顯現），那便可以認識螢光屏（認識經論的密意）。這便即是「應觀佛法性，即導師法身」，也即是「四依」中的「依義不依語」、「依智不依識」、「依了義不依不了義」。

簡單一點來說，這便即是「言說與密意雙運」，因此若不識如來藏，不知智識雙運，那便不知經論的密意。

三 略說如來藏

欲知佛的密意須識如來藏，佛的密意其實亦說為如來藏。支那內學院的學者呂澂先生，在〈入楞伽經講記〉中說——

> 此經待問而說，開演自證心地法門，即就眾生與佛共同心地為言也。
>
> 自證者，謂此心地乃佛親切契合而後說，非臆測推想之言。所以說此法門者，乃佛立教之本源，眾生入道之依處。[4]

由此可見他實知《入楞伽經》的密意。其後更說——

> 四門所入，歸於一趣，即如來藏。佛學而與佛無關，何貴此學，故四門所趣必至於如來藏，此義極為重要。[5]

所謂「四門」，即《入楞伽經》所說的「八識」、「五法」、「三自性」及「二無我」，呂澂認為這四門必須歸趣入如來藏，否則即非佛學，因此他說——

> 如來藏義，非楞伽獨倡，自佛說法以來，無處不說，無經不載，但以異門立說，所謂空、無生、無二、以及無自性相，如是等名，與如來藏義原無差別。[6]

佛說法無處不說如來藏、無經不載如來藏，那便是一切

---

4 《呂澂佛學論著選集》卷二，頁 1217，齊魯書社，1991。下引同。

5 同上，頁 1261。

6 同上。

經的密意、依內自證智而說的密意；由種種法異門來說，如說空、無生等，那便是言說教法，由是所說四門實以如來藏為密意，四門只是言說。

呂澂如是說四門——

> **前之四法門亦皆說如來藏，何以言之？八識歸於無生，五法極至無二，三性歸於無性，二空歸於空性，是皆以異門說如來藏也。**

這樣，四門實在已經包括一切經論，由是可知無論經論由那一門來立說，都不脫離如來藏的範限。現在且一說如來藏的大意。

認識如來藏，可以分成次第 ——

一、將阿賴耶識定義為雜染的心性，將如來藏定義為清淨的心性，這樣來理解便十分簡單，可以說心受雜染即成阿賴耶識，心識清淨即成如來藏心。

二、深一層次來認識，便可以說心性本來光明清淨，由於受客塵所染，由是成為虛妄分別心，這本淨而受染的心性，便即是如來藏藏識。本來清淨光明的心性，可以稱為如來藏智境，亦可以稱為佛性。

三、如來藏智境實在是一切諸佛內自證智境界，施設名言為如來法身。如來法身不可見，唯藉識境而成顯現。這樣，藉識境而成顯現的佛內自證智境便名為如來藏。

關於第三個次第的認識，可以詳說 ——

如來法身唯藉識境而成顯現，這個說法，還有密意。一切情器世間，實在不能脫離智境而顯現，因為他們都要依賴如來法身的功能，這功能說為如來法身功德。所以正確地說，應該說為：如來法身上有識境隨緣自顯現，當這樣說時，便已經有兩重密意：一、如來法身有如來法身功德；二、識境雖有如來法身功德令其得以顯現，可是還要「隨緣」，亦即是隨著因緣而成顯現，此顯現既為識境，所依處則為如來法身智境，兩種境界雙運，便可以稱為「智識雙運界」。

甚麼是「雙運」？這可以比喻為手，手有手背與手掌，二者不相同，可是卻不能異離，在名言上，即說二者為「不一不異」，他們的狀態便稱為雙運。

如來法身智境上有識境隨緣自顯現，智境與識境二者不相同，可是亦不能異離，沒有一個識境可以離如來法身功德而成立，所以，便不能離如來法身而成立，因此便說為二者雙運，這即是智識雙運。

如來法身到底有甚麼功能令識境成立呢？第一，是具足周遍一切界的生機，若無生機，沒有識境可以生起，這便稱為「現分」；第二，是令一切顯現能有差別，兩個人，絕不相同，兩株樹，亦可以令人分別出來，識境具有如是差別，便是如來法身的功能，稱為「明分」，所謂「明」，即是能令人了別，了了分明。

智境有這樣的功能，識境亦有它自己的功能，那便是「隨緣」。「隨緣」的意思是依隨著緣起而成顯現。這裡所說的緣起，不是一般所說的「因緣和合」，今人說「因緣和合」，只是說一間房屋由磚瓦木石砌成；一隻茶杯由泥土瓷釉經工人燒製而成，如是等等。這裡說的是甚深緣起，名為「相礙緣起」，相礙便是條件與局限，一切事物成立，都要適應相礙，例如我們這個世間，呼吸的空氣，自然界的風雷雨電，如是等等都要適應。尤其是對時空的適應，我們是三度空間的生命，所以我們必須成為立體，然後才能夠在這世間顯現。這重緣起，說為甚深秘密，輕易不肯宣說，因為在古時候一般人很難瞭解，不過對現代人來說，這緣起便不應該是甚麼秘密了。

這樣來認識如來藏，便同時認識了智識雙運界，二者可以說為同義。於說智識雙運時，其實已經表達了文殊師利法門的「不二」。

四　結語

上來已經簡略說明密意、智識雙運與如來藏，同時亦據呂澂先生的觀點，說明「無經不載如來藏」，因此凡不是正面說如來藏的經論，都有如來藏為密意，也即是說，經論可以用法異門為言說來表達，但所表達的密意唯是如來藏（亦可以說為唯是不二法門），因此我們在讀佛典時，便應該透過法異門言說，來理解如來藏這個密意。

例如說空性，怎樣才是空性的究竟呢？如果認識如來藏，就可以這樣理解：一切識境實在以如來法身為基，藉此基上的功能而隨緣自顯現，顯現為「有」，是即說為「緣起」，緣起的意思是依緣生起，所以成為有而不是成為空。那麼，為甚麼又說「性空」呢？那是依如來法身基而說為空，因為釋迦將如來法身說為空性，比喻為虛空，還特別聲明，如來法身只能用虛空作為比喻，其餘比喻都是邪說，這樣一來，如來法身基（名為「本始基」）便是空性基，因此在其上顯現的一切識境，便只能是空性。此如以水為基的月影，只能是水性；以鏡為基的鏡影，只能是鏡性。能這樣理解性空，即是依如來藏密意而成究竟。

以此為例，即知凡說法異門實都歸趣如來藏，若不依如來藏來理解，便失去密意。因此，本叢書即依如來藏來解釋一些經論，令讀者知經論的密意。這樣來解釋經論，可以說是一個嘗試，因為這等於是用離言來解釋言說，實在並不容易。這嘗試未必成功，希望讀者能給予寶貴意見，以便改進。

談錫永

2011年5月19日七十七歲生日

引言

引言

《大寶積經》內容豐富，含有說密乘的經典，本經即是其一。

其實在釋迦時代，並無顯密的分別。釋迦說觀修，多說陀羅尼門。陀羅尼（dhāraṇī）譯爲「總持」，有總持一法門的意思，在形式上便成爲咒語。行者在唸誦這些咒語時，便由咒語而能總攝法義，也即是說，咒語有如略文，由略文即能表出法門的密意。於誦咒時，又有觀想，因此行人便能依法門的密意來修習。在釋迦時代並沒有人將此分別爲密法，假如要分別，便只能這樣說：修陀羅尼門的人是修密，相對來說，不依陀羅尼門觀修，就不能稱爲修密。到了後世，便分爲顯密兩門。所以筆者童年時，佛門的大德便這樣說：持經的是顯宗，持咒的是密宗。這樣的分別非常簡單，但卻很實際。因爲持咒便即是修陀羅尼門，若不依陀羅尼門的修法來持咒，便只是形式。

《無邊莊嚴會》即是說陀羅尼門的經典，可以將其視爲釋迦演密法，故亦可以視其爲密續，所以本經便只稱爲《無邊莊嚴會》，未說爲《無邊莊嚴經》。

全經主要是說三陀羅尼門 ——

佛家的觀修，分境、行、果，亦稱爲基、道、果。如果將行再分爲修與行，那麼此三者又可以分別爲四，稱爲見、修、行、果。這三陀羅尼門即是按境、行、果來說。

對於「境」，須要稍作解釋，境的梵文是 artha，梵文一詞多義，所以 artha 可以譯為「境」，又可以譯為「義」，還可以譯為「事」。在識境中，一切法成為事，由此出現一個境界，這個境界必有表義，所以綜合來說，就是 artha。行者觀修，一定有一個所緣境，這個所緣境亦可以叫做所緣事，例如密乘行人觀修壇城與本尊，這壇城本尊便成為事，然而，無論稱之為事、稱之為境，都有一個表義，此表義依觀修者的見地而建立，是即可稱為義。如觀修者持空性見而觀，那麼這個所緣境便有空性義；如果觀修者持唯識觀而觀，這所緣境便成為唯識義。對於境，須不離義來理解，倘若只將境界視之為客觀的事，不持見地而觀，那麼便不是觀修的所緣境。

本經建立的三陀羅尼門是：無上陀羅尼、出離陀羅尼、清淨陀羅尼，依次攝境、行、果三者。

今先說無上陀羅尼，此即說無上見地，此見地稱為無邊智慧。說「無邊」，並非是說這個法門的涵蓋面廣大，大至無邊，實在是說，不落一切邊，因此無邊。讀本經須先理解此重密意。其實不只本經，在了義經中，於說「無邊」時，許多時候都是依密意來說，即說離一切邊際。如《華嚴經・十地品》言：「**我應令彼住廣大心，無量無邊諸佛道法，所謂無上大乘。**」這裡所說的無邊，即須依離一切邊際來理解，因為無上大乘實在是離邊際的諸佛道法。

次說出離陀羅尼，是說依無上見地來觀修，即可出離一切世間，亦即出離一切識境，由是現證無邊智慧。這裡說的是出離一切世間，並非只是出離我們這個世間。所謂出離，並非是離開。釋迦在我們這個世間成佛，並沒有離開我們這個世間，但卻不能因此便說釋迦沒有出離世間，只能說他沒有離開我們這個世間。由是即能理解，出離並不等於離開，住在我們的世間中，當得無邊智果時，我們這個世間的名言概念盡，如是即說為出離，所以出離，是離一切識境、離一切世間所建立的名言與句義。

最後說清淨陀羅尼，是觀修果，出離一切識境即是清淨。既離識境，便即是離言說，因此即能離佛言說，依佛密意，通達佛所說的一切法門，如是能不落言說而知密意、觀修密意、得密意果，這便是清淨陀羅尼門的觀修果。

由是可知，三陀羅尼門分說基、道、果，若依密乘的觀點，這三陀羅尼便分別是基續、道續、果續。基、道、果三者皆依佛的密意而相續，便能總持佛的密意，這正是本經的意趣。讀者亦須依此來信解佛的密意。

概而言之，佛的無上密意即是如來藏。由文殊師利菩薩來說這法門，便是不二法門；由彌勒菩薩來說這法門的觀修，便是瑜伽行；由觀自在菩薩來說這法門的自在，便是《楞嚴經》所說的六根圓通。因此由本經的意趣，即能通達如來藏法門所涵蓋的一切法異門，如說空性、無相、無願、真如、實際等等。

筆者對本經的疏釋，只能視為簡釋，因為許多方面都可以成為專題，是故不能詳說，讀者須依筆者疏釋的脈絡，參考筆者其他譯著，即可由此脈絡認知本經所說的深刻內容。然而，疏釋雖然較簡，但亦已經將佛的密意說出來，這才是讀本經時最須要理解的事。

本經流通不廣，說本經的人甚少，因此一般人並不覺得本經重要，然若知本經能涵蓋一切法門，便應知其重要性。在經中，不斷強調通達三陀羅尼門的人，能對一切有情，善巧方便言說佛的異門教法，辯才無礙，即是強調這法門的無邊。由不落一切邊見，即能不落邊而理解一切法異門，此亦即理解一切法異門的密意。如《大般若經》說：「**若由此真如施設一切陀羅尼門，即由此真如施設空解脫門。**」由是即知陀羅尼門與空解脫門實爲法異門，所以若要理解空的密意，便須要理解陀羅尼門的密意，當能正確理解時，便知道所謂「真如」到底是甚麼一回事。真如不僅是相，實在是依佛智而見的相，實即離識境而見的識境相。佛見世間一切事，當與我們所見並無不同，然而佛並不依世間的名言與句義而見，所以他可以見無明相，而不爲無明所縛，凡夫則不同，依名言與句義而見，同時受名言與句義所縛，亦即受無明所縛。

譬如說「空」，若以一切諸法無自性是即爲空，其實亦是邊見，所以釋迦在《般若》說，「空」亦是假施設。本經說「空」，以一切諸法的自性即是本性，是即爲「空」，這才是「空」的究竟見，自性本性等等，只有用如來藏見地才能理解，這一點，留待在疏釋中說明。

希望筆者簡略的疏釋，對讀者認識佛的密意能有幫助。

無上陀羅尼品第一

大寶積經・無邊莊嚴會

【疏】： 釋題目。

《大寶積經》（*Mahā-ratnakūṭa-sūtra*）是唐代菩提流支（Bodhiruci）所編譯的系列經典，共四十九部，稱爲四十九會。這系列經典屬於方廣部（vaīpulya）。

關於方廣部的經，現在只將大乘經列入方廣部，然而若依佛經十二分教來分類，則小乘的《長阿含經》，亦屬於方廣部。所以在十二分教中，方廣部即包含長阿含經部、大集經部、華嚴經部、法華經部、寶積經部等。亦即在方廣部中，包含各別系列的叢經，有如一系列一系列的叢書，所謂方廣部，即是集合幾種叢經而成一部。因此方廣部一名，包含的經書甚廣。

及至後世，則不依十二分教來訂定方廣部諸經，依許地山先生所言，尼泊爾所傳的方廣，分爲九部，即——

一、八千般若頌（*Aṣṭasāhasrikā-prajñāpāramitā*）

二、華嚴行願品（*Gaṇḍavyūha*）

三、華嚴十地品（*Dasabhūmīsvara*）

四、月燈三昧經（三摩地王經）

（*Samādhirāja*）

五、楞伽經（*Laṅkāvatāra*）

六、妙法蓮華經

七、佛說一切如來金剛三業最上秘密大教王經（*Saddharmapuṇḍarīka*）

八、普曜經（*Lalitavīstara*）

九、金光明經（*Suvarṇaprabhāsā*）

這裡所說的九部，只是九部經，並非九個系列，由此可見，佛家對方廣可能有兩個傳統，一是依經而定，一是依系列經典而定。若依漢傳則爲後者。

以系列經典來說，最早成立的，應該是《大集經》（*Mahāsannipāta*），一般認爲這系列經典的傳播，甚至比般若經系列還要早，這系列經典在漢代已經有繙譯。接著《大集經》傳播的方廣部，即是《大寶積經》。

《大寶積經》四十九會，至早有六朝時候的繙譯。菩提流支將前代繙譯收集，並加上自己的新譯，成爲目前所傳的形式，分爲一百二十卷，但這恐怕並不是梵本的原來形式。據說梵本《大寶積經》的卷數，跟「般若」系列的卷數相等，漢譯的四十九會、一百二十卷，應該是菩提流支整理的結果。西藏傳譯的《大寶積經》，則是根據漢譯整理而成，所以亦是四十九會。

《無邊莊嚴會》是《大寶積經》中的第二會，分爲三品，說三種陀羅尼。

經中問法的菩薩，是無邊莊嚴菩薩，通常一經問法菩薩的名號，即是經中的主旨，因此這一會之所說，便是「無邊莊嚴」。所謂「無邊莊嚴」，只有用如來藏思想來理解才能究竟。如來法身不可見，唯藉識境而成顯現，是即智識雙運界。這些無量無邊的識境，便即是法界的無邊莊嚴。莊嚴可以理解爲裝飾，也即是說，智境上隨緣自顯現的識境，在觀修時，可以看成是智境（如來法身、佛內自證智境）的莊嚴，行者由觀修莊嚴現證深般若波羅蜜多、現證不二法門、現證智識雙運如來藏。所以彌勒菩薩有一篇論典，即名《現觀莊嚴論》（*Abhisamayālaṃkāra-śāstra*）。

這一會說法，即以說觀修爲主。若按密續的意趣，三品陀羅尼，可以分別看成是基續、道續、果續。所謂基、道、果續，即說行人觀修的境、行、果。依見地安立所緣境，是即爲境；持境而修，從而作抉擇與決定，是即爲道；由觀修道而得證量，是即爲果，行者住於果中觀修，於是現證一法門的究竟見，如是相續，即成基、道、果續。此處所說極爲簡略，可參考不敗尊者的《幻化網秘密藏續釋・光明藏》，即能了知三密續義。

本經說三陀羅尼門，若依密乘的觀點，即可以看成是釋迦牟尼演說密續。三品陀羅尼的無上陀羅尼，即是基續，此中即依見地而安立觀修境，是故以見為主；出離陀羅尼，即是道續，由觀修而出離一切識境中的邊見，亦同時出離唯樂於智境的邊見，是故所說，即為如何離邊之道；清淨陀羅尼，即是果續，由觀修而得清淨，離一切邊即是清淨故，行者於現觀清淨境中，復依觀修而現證清淨果。此清淨果可說為深般若波羅蜜多，亦可說為不二法門，亦可說為如來藏。

無上陀羅尼品第一之一

【疏】： 因為〈無上陀羅尼品〉是基續，是故所說即觀修時所建立的抉擇見，以及觀修後所起的決定見。因此於抉擇時，先認識迷亂相，並由觀修而知，識境雖迷亂，但亦不離智境，如是即成決定，行者持決定見再作觀修，即可回遮迷亂相，由是而成現觀莊嚴。

在本品中，稱為「無上」，即抉擇見與決定見無上，所說其實已經蘊涵如來藏思想，但未說出「如來藏」這個名相，這即是初期大乘經典的特色。釋迦於後期說大乘經典時，亦即三轉法輪時，才出如來藏之名，說佛家極深密的究竟見，何以故？因為若不先行通達初期所說的大乘經典，知其密意，便對如來藏的說法容易誤解。說如來藏為說究竟法，唯由佛的密意始能了知，因此不宜於初轉大乘法輪時，即行宣說。

〔序分〕

【正文】： **如是我聞，一時佛住王舍城，迦蘭陀竹林，與大比丘眾及無量無數菩薩摩訶薩俱。此諸菩薩皆是一生補處，從異佛剎而來集會。爾時世尊，大眾圍遶供養恭敬，而為說法。**

【疏】：《大寶積經》諸經，釋迦多在王舍城說法，這是顯示經典的珍貴，是故稱之爲「寶」。

強調聞法的菩薩「皆是一生補處」，這是顯示經典所說爲甚深秘密法門，唯一生補處菩薩始堪聞法。這裡又強調聞法的一生補處菩薩，是「從異佛剎而來集會」，即是顯示釋迦所說的三陀羅尼門，可以周遍一切佛剎，非只爲我們的人間而施設，在這裡，便隱含了大平等性的密意。

說大平等性，即周遍一切界而平等，在說如來藏時特別著重這點。甯瑪派觀修大圓滿，即觀修本初清淨廣大平等性。蓮華生大士在《大圓滿教授》中，強調於「大平等智中解脫」，才能說爲「無事周遍大圓滿」，由此可知悟入大平等性的重要。故本經顯示異佛剎的大菩薩來問法，並非顯示釋迦的特異，而是顯示說三陀羅尼門實依大平等性而說，所以一切世間的菩薩都來聞法。若不了知此密意，對本經便不能生勝解。

【正文】：**時彼眾中有一菩薩名無邊莊嚴，從座而起，偏袒右肩右膝著地，向佛合掌而白佛言：世尊，我有少疑，今欲諮問，唯願如來哀愍聽許。**

爾時佛告無邊莊嚴菩薩摩訶薩言：善男子，如來應正等覺恣汝所問，當隨汝疑而為解說，令汝歡喜。

【疏】：下來即無邊莊嚴菩薩問佛的旨趣，由此旨趣，可知所問爲甚深法。

【正文】：**時無邊莊嚴菩薩摩訶薩白佛言：世尊，我為趣求無邊智慧，被精進甲。諸菩薩等求大方便善巧地者、趣無邊義智善巧者、決定大智初發起者、於菩提道已安住者，世尊，我為如是諸菩薩故，請問如來，亦為利樂有情之類，心無等喻，思維諸法清淨智義，甚深大智方便，簡擇得無量義善巧決定。為欲趣求大師子座，昇一切智師子之座，正初發起勇猛勤修，獲不退轉，言詞善巧，積集精進被甲冑者，為如是等諸菩薩故，請問如來。**

【疏】：全經所說，其實都是智識雙運。對智識雙運的認識，亦有次第，是即方便善巧。其初，即認識智悲雙運。

無邊莊嚴菩薩問佛，先問「趣求無邊智慧」的方便善巧，是即以菩薩的自利（智），以及利他（識）為問。所問雖為發起，但其實已經問得很深，因為問法的目的，是希冀「趣求大師子座，昇一切智師子座」。

無邊莊嚴菩薩所問，是為獲不退轉的八地菩薩、言詞善巧的九地菩薩、披甲精進的十地菩薩而問，如何能成佛果。

【正文】：**世尊，若有菩薩，於諸有情，願欲超昇到於彼岸，復有志求無礙無畏，住無畏中，方便隨機演諸法義，善巧分別，不增不減。又於諸法本性自**

性如實宣揚。

世尊，復有趣入無等喻心，最勝之心及無上心，得自在故，為如是等請問如來。

世尊，若諸有情，求自然智及無師智，破無明㲉，超於天人，最為殊勝希有，利樂一切世間，當欲趣求大智無畏，除自然智，欲示無邊知見善巧，將說無量決定之法，欲以光照世間天人。

復有為諸眾生，樂欲開示無上無礙大智，方便欲行，究竟清淨智見，求一切智善巧地者。我今為彼諸菩薩故，欲問如來。

【疏】：這裡說不增不減，以及於諸法本性自性如實宣揚，然後說出入無等喻心，以至說求自然智，無上無礙大智，都是如來藏的意趣。

識境有生滅，然在智境中則無生無滅，是故不增不滅。

求自然智及無師智，便即是求如來藏，唯有如來藏智，才可以說為自然智，因為他自然而然，本來存在，不由施設而成，同時亦非由師授而成，亦即不依上師的宗義而成。對於證自然智及無師智，佛亦只能示以「無邊知見善巧」，以及「說無量決定之法」，並不能將這個智說出來，因為這個智已不落世間言說與思議。

如果要說這個智，則必須不離方便而說，因此本經將求此自然智的眾生說為「樂欲開示無上無礙大智，方便欲行，究竟清淨智見，求一切智善巧地者」，那即是說，他們須得「方便欲行」與「究竟清淨智見」才能求得這「一切智善巧」，入「一切智善巧地」，由如來的密意而來得此「無上無礙大智」的顯示。

以下的經文，無邊莊嚴菩薩所問，即依上來所說的理趣而問；世尊所答，亦依上來的理趣而答。若不了知上來的理趣，則不得問答的密意。

於此理趣，可先作說明，以便理解。此中最重要的關鍵，在知「本性自性」。何謂「本性自性」，則須知何謂本性。

對於本性，可分智境與識境來說。

諸佛本性即是智境性，這一點無可諍論，因爲如來法身即是諸佛內自證智境，此明見於《入楞伽經》及一切了義經所說。除智境性外，即不能對佛加以任何本性。

至於識境，識境中一切法自性即是識境性。然而，此識境性亦必爲諸佛本性。諸佛智境如鏡，一切識境顯現如鏡影，由於鏡影性必爲鏡性，所以識境性必爲智境性，亦即必爲諸佛本性。以此之故，識境中顯現的一切法，若問其自性爲何，最究竟的答案便是，一切法自性即諸佛本性，在名言上即說爲本性自性。

再依法義來說，周遍一切界的識境，都依如來法身而成顯現，亦即依智境而顯現，所以都可以說爲本性自性。這裡沒有說空性，如說空性時，亦必須說本性自性爲空，這才是究竟說。此如對鏡像說爲空性，必須說他以鏡性爲自性，因爲施設鏡影爲空性，是故鏡像亦爲空性，這說法才能究竟。假若拿著一個鏡像，說這鏡像依甚麼緣起而成顯現，那便只能說這鏡像如何成爲有，但我們卻常常誤解，說他依緣起而成顯現便是空性，那便不是由本性而說，只是我們對這鏡影加以種種增益，由增益而說此爲空，並且錯誤地將種種增益視爲深密，這就不是究竟說，只是施設的增上，依此錯見而作觀修，一定落於邊際。

經言無等喻心，即是如來藏大平等性心，無喻可喻此大平等性心，故名無等喻心。以無等喻故，亦可稱爲最勝心及無上心。

這裡定義爲本性的佛內自證智，說爲自然智、無師智，即是說非由任何上師成立的智，由此便可知，佛內自證智實在是法爾的智，自然而然，本來如是，因此便不是依宗義而建立的智。

無邊莊嚴菩薩即依此而問，如何現證此無礙大智。

【正文】：世尊，若諸菩薩住是地已，速能圓滿成如來地，及能證得不可思議方便善巧波羅蜜多。以少功用成熟眾生，現前能得如是智慧，令諸眾生捨離惡法、增長善法，示菩提道，諸佛種性，及能安立

無量眾生，於阿耨多羅三藐三菩提皆不退轉。世尊，彼諸菩薩能開覺路，於佛法中令心歡喜，我為斯輩請問如來，世尊，此諸大眾皆悉已集，說微妙法，今正是時。唯願如來，開示演說如是法門，授諸菩薩，令得圓滿不思議願，及一生補處所有善根。

【疏】：無邊莊嚴菩薩所問，即是求釋迦開示，菩薩住「一切智善巧地」陀羅尼門。所謂一切智善巧地，即能善巧方便成佛法門。這裡說的地，應理解爲法門，並非菩薩的地位。所以後來即問「善巧陀羅尼門」。

【正文】：**世尊，如是善巧陀羅尼門，如來隨時應當授與，使諸菩薩能持無量法門理趣，善巧決定，及以言詞演說諸義。復有志樂當證菩提，安住無邊大神通業，成熟無量無數眾生，攝受如來善巧之智。惟願開示如是法門，當令眾生證菩提道。**

世尊，往昔於長夜中已發弘誓，令無數眾生安住佛智及自然智。如是陀羅尼門，應當演說，令諸菩薩成自善根，及以如來威加之力，持彼無上不思議願。世尊、如來、應、正等覺，已證無量方便善巧，得不思議，住無畏地，了諸眾生意樂差別，無量億劫蘊諸覺慧。世尊，此諸大眾瞻仰如來無時暫捨，於一切智智及諸法藏，志求不怠，欲樂無厭，願聞如來決定之義。世尊安住一切智境，皆已知此諸菩薩願，及發趣善巧成熟。世

尊，是諸法門陀羅尼門，圓滿句義，一切諸法決定善巧，如是法門，如來應説。令諸菩薩未成熟者悉令成熟，已成熟者速得神通及一切智心、解脱智見。世尊，若諸菩薩住不定地，是諸菩薩預聞法已，而得成就一切智境。

【疏】：「諸法門陀羅尼門」，即是《解深密經》所說的「緣無量總法奢摩他毘鉢舍那」，如經所言，菩薩作意「緣無量如來教法、無量法句文字、無量後後慧所照了」，如是而修止（奢摩他，śamatha）、觀（毘鉢舍那，vīpaśyanā），菩薩由是住入「一切智善巧地」。

【正文】：**世尊，我以此緣敢申巨問，惟願大慈，威加守護，攝諸菩薩，說如是法。世尊，於後末世諍論起時，執著有情更相賊害，三毒增長壞亂正法，令諸菩薩於彼時中，以大慈悲堪忍斯事，流布此法而無諍論。由順無諍，則能攝受大慈大悲，及當積集諸善根力。**

【疏】：這裡已預言，對於「如是法」，於末世會起諍論，所以時至今日，如來藏教法便受到誹謗，正面否定如來藏，將如來藏說爲外道教法的人固然有，肯定如來藏，但卻將如來藏教法說得不倫不類的人亦有，因此便須要依佛說的經典來澂清，例如本經。但對於經典，亦不能由文字、言說來理解，必須依其密意而說，這就是爲難之處。但若對此法門不加以守護，便會「執著有情更相賊害，三毒增長壞亂正法」。由此，便知道理解密意的重要。

【正文】： **世尊，我今敢緣斯義，請問如來無礙法門決定之義。世尊，云何彼諸菩薩無量法門、法光明門，及一切法方便發起。復願如來說不滅壞寂靜法門，兼演無邊微密法藏，具足成就，念力無斷，降伏魔怨及諸異論，而不為彼之所摧伏。惟願如來演說正法，令諸眾生積集善根，亦令積集無邊善巧，於一切智智示現出生。隨念結集無量法要，得諸辯才，清淨具足相續不亂無等句義。**

欲令證得無量法門及陀羅尼真實方便，又令眾生發起意樂，為說先後兩際加行，示見去來現在諸法。於因自在，法無所住，願諸菩薩了知十方如來本事，以神通無畏遍諸佛剎，授彼眾生清淨法眼，亦為開示不思議法，成熟佛智方便善巧。

我緣斯義敢有所請，惟願世尊，說如來地廣大方便甚深之法，為一切智，攝諸善巧無量不思議法理趣。令彼菩薩願及方便善巧圓滿。此諸菩薩預聞法已，悉皆獲證大法光明，成就菩提殊勝善巧，及彼弘誓悉令圓滿。

【疏】： 此處請釋迦開示，共有三種——

一、 如來無礙法門決定義。令菩薩能發起無量法門、法光明門，及得一切法方便。

二、 不壞滅寂靜法門。即是不壞滅世俗（識境），亦不壞滅智境，而現證智識雙運境界。

三、 無邊微密法藏。即是由智識雙運而方便言說的無邊法藏，此中含有微密意，故說為微密法藏。

為「欲令證得無量法門及陀羅尼真實方便」，於是又請釋迦開示「先後兩際加行」，此即觀修陀羅尼門的前加行與後加行。

下來正分中釋迦所說，即在這些範圍之內，攝為三種陀羅尼。

〔正分〕

【正文】：**爾時佛告無邊莊嚴菩薩摩訶薩言：善哉善哉，無邊莊嚴，汝今為諸菩薩住清淨願方便善巧，亦為哀愍諸眾生故，以決定慧，善問如來，汝之功德無有限量。諦聽諦聽，如實思維，我今為汝分別解說，令諸菩薩於佛智境出生無量種種功德。**

無邊莊嚴菩薩言：唯然，世尊，我等樂聞。

【疏】：留意「令諸菩薩於佛智境出生無量種種功德」一句，這明明就是說如來藏，就是說智識雙運界，無量種種功德是識境中事，與佛智境雙運。

【正文】：爾時佛告無邊莊嚴：若諸菩薩，為求無邊善巧願者，應知諸佛秘密語言，受持、思維、如理觀察。

【疏】： 留意「應知諸佛秘密語言」一句，此即經典中的密意，密意由言說表出，所以稱爲秘密語言。

【正文】：云何觀察，無邊莊嚴，如來之智攝諸善巧，有所宣説無不清淨。是諸菩薩，應當進修此之法要。

諸佛所説皆是平等，安住大悲，普於群生，決定成熟諸有情類。或於下乘，志希解脱於聲聞道。有於真實最勝涅槃，弘誓圓滿，成一切智。我今安住無上解脱，遠離餘乘下劣之法，善入諸佛秘密語言，及説如來無比詞句，廣大清淨攝受諸法，令諸有情隨彼根性解脱成熟。然於是法皆悉平等，不增不減，無缺無漏，乃至無色及無等色，無邊無際，自性清淨。

【疏】： 此處強調大平等性。此大平等性「安住大悲，普於群生，決定成熟諸有情類」。安住大悲即是安住如來法身功德，普於群生即是周遍一切世間有情，因此大平等性亦可以理解爲，如來法身功德周遍一切有情界。

此處又說「乃至無色及無等色」，即是周遍一切界，用現代的語言來說，即是周遍一切時空世間。必須理解周遍一切時空，才能知道大平等性的密意，大平等性不只在我們的人間。

【正文】：諸佛世尊之所演說，自性本性如實了知，而無有法了不了者。何以故。一切諸法皆是如來假名說故。若彼諸法由假名者，是則不可以法施設，亦無示現，無示現故。如來所說皆真勝義，隨法同入一切諸法，於一切法不住分別，亦非不住，以分別法及無分別，如實平等，證一切法無有差別。

法無有生，如是生法無所有故。法無有法生，妄分別遍計度故。法無有起，不自在故；法無觀待，捨圓滿故；法無作用，無去來故；法無自性，超過一切自性法故；法本平等，無有差別無戲論故。隨所作法起殊勝願，無不成就。而於其中無有作者，乃至無有少法所得，皆歸於空。是故如來說一切法如幻如夢，無有高下，我當以此清淨弘誓，攝眾生時，實無少法而可著者。無邊莊嚴，此是諸菩薩等法光明門。

由斯門故，於殊勝願而得增長，如日出現，光明普照。如是，善男子等，於此法門能信解者，與諸眾生作法光明。無邊莊嚴，若諸菩薩，內正思維、外無散亂，安住能斷諸障礙者，隨念菩薩普光三昧，及能信解甚深法者，應當觀察此諸法門。

【疏】：釋迦說觀修，前已先說「應知諸佛秘密語言」，亦即是強調觀修無量總法時，於諸法門皆應先知其密意。下來經文，有多處與此呼應。

因此，便說「如來之智攝諸善巧，有所宣說無不清淨」。這即是一切言說皆為佛內自證智所攝，是故一切言說無不清淨，由是說「諸佛所說皆是平等」。

諸佛秘密語言，是為如來密意，亦即智境，密意無可說，是即智境不成顯現。將密意顯說為言說，是即智境上可隨緣顯現識境，由是密意與言說不一不異，亦即智境與識境不一不異。是故本經強調諸佛秘密言說，是即強調須知智識雙運，由智識雙運見一切法門、見一切言說，即知如來密意。本經又強調無礙辯才，此即強調智境須顯現為識境，密意須顯現為言說，若能由言說顯示密意，是即辯才無礙。

小乘人不解密意，執著言說，是故須「遠離餘乘下劣之法，善入諸佛秘密語言」。因此本經說三陀羅尼，亦須由其密意而認知。

若知智識雙運，即明「於一切法不住分別，亦非不住」，於智境中無分別，識境中則有分別。這就是「法無有生」、「法無有法生」。於智境中一切法無生，但於識境中，法雖無有卻成顯現，是即由無有而生，故說為「法無有法生」，法無有而成為有，實由「妄分別計度」而成有。由此即知「法無有起」、「法無觀待」、「法無作用」、「法無自性」。

具象的法說為生，抽象的法說為起，因此抽象的言說、思維、名言、句義，即說為「法無有起」；依名言句義，一切法可由相依、相對而成立，是即「觀待」，法不因「觀待」而真實有；一切法作用亦僅於識境中真實，於智識雙運境界中即非真實；一切法於識境中的性，即爲自性，是故亦不真實。由是種種皆可說爲無。

【正文】：**一切諸法如來悉知，以緣起門開示宣說。如是緣起，虛妄不實，自性本性皆悉空寂，是緣起性亦非真實，能令眾生雜染、清淨，於十方求皆不可得，無所得故，無有攝受；無攝受故，於我所說尚應捨離，何況非法。所言捨離，彼亦非有，亦無所取，無有功用，本性清淨。一切諸法無有分別，了知分別如實性故。一切諸法無有所住，亦不可見，無異性故。是故諸法無住無依，但以名字施設而有，彼皆空寂，無有自性。無住而住，是故諸法無有住處，處無有故、盡故、滅故、及變易故。如來但以異名宣說，如是密意，應當了知。**

【疏】：釋迦於開示三陀羅尼門前，先說須知甚麼密意。此由緣起門而說，然後超越緣起。

於識境中，說識境一切法如何而成爲有，佛由緣起開示。若將緣起執實，即落於識境，故此處說緣起性亦非真實。若執實緣起，而且認爲可由緣起成立空性，那就落於名言與句義，是即成爲雜染；若知識境實爲智境上的隨緣自顯現，由隨緣而認識緣起，是即成爲清淨，所以說緣起能令眾生雜染清淨。所謂隨緣，應由相礙緣起而認識，一切法的生起，皆須適應其相礙，然後才能存在或顯現，是即相礙緣起。隨其相礙而適應，是名「任運」，所以一切法都是任運圓成，人有人的任運，螞蟻有螞蟻的任運，於任運中一切法悉皆圓成，是即隨緣自顯現。

此處以緣起爲例，說不應落於佛的言說。是故一切諸法，「但以名字施設而有」，即須離名字來認識一切諸法。若落名字，即住於名字，此即恆時住於識境，是即成爲雜染，不得解脫。

【正文】：**不應執著善與不善，若執善法，彼不善法亦當執著。由執如是不善法故，生諸苦惱。佛以異名，於此示說為苦聖諦。**

由不執著善不善故，彼諸愛滅，如來於此善法所斷，異名示說為集聖諦。

第二聖諦能了知故、滅故、盡故、無憶想故、厭離、觀察無所有故、無喜想受、無分別故，如來於此異名，言說為苦滅諦。

了知第三滅聖諦故，是所求道如實悟入。一切法地，超過一切憶想、分別、戲論之境，八支相應，修習正見乃至正定，苦滅趣道，聖諦了知。佛以異名，於此宣說為第四諦。

諸佛世尊於此施設，知苦、斷集、證滅、修道。

苦集苦滅及滅趣道，此苦無有，以世俗故，假名施設是無明等，一切皆是無智攀緣。何以故，於彼無智，亦無有少攀緣可取，無有所證，無有光明，不可了知，亦不可得。而於其中當有何物。一切皆是虛妄壞法，無有堅實。於中若以實物施設，彼即於常，應有執著。若以無分別執著，彼即於斷，應有執著。

是故於苦不應分別，以智慧故，應當了知。無智自性即苦自性，由與無明共相應故。無明亦不與物相應或不相應，彼亦無有。由彼不相應故，是故無明非分別、非不分別，不作不壞，亦無作者，施設作者不可得故。無邊莊嚴，此是諸菩薩了知悟入無明自性順明法門。

由是門故，能捨一切無明黑闇，現前證得隨順明法。於菩提分，能善修習；於諸聖諦，能善了知。是諸菩薩於此法門能得清淨。所謂由不生故，苦得清淨；不攀緣故，集得清淨；由滅盡故，滅得清淨；由修習故，道得清淨。

信平等故，道即平等。如是諸法異名差別，應當解了。了已，應斷、應證、應修。於如來言，若能解了，彼即遍知；彼即隨斷；彼即作證；彼即修習。

是故聖者如是知已，於一切法不取不捨，便得安住四諦法門。

【疏】： 此處又以四聖諦為例，說佛如何建立言說，於智識雙運境中，「知苦、斷集、證滅、修道」皆不真實，是故「無有所證，無有光明，不可了知，亦不可得」。

由緣起及四聖諦例，明捨離言說，即佛之言說亦須捨離，由是始能有所證、有光明，此即說爲「悟入無明自性順明法門」。「順明」是隨順佛的密意，生起光明，是能於不取不捨中安住四諦法門。

說諸菩薩於三陀羅尼法門能得清淨，釋迦於此以四勝諦爲例，說如何清淨，經言「所謂由不生故，苦得清淨；不攀緣故，集得清淨；由滅盡故，滅得清淨；由修習故，道得清淨」，於此應一說。

由不生故，苦得清淨。此即說認識識境中一切法無生，如是知苦，即不落於名言句義而知苦，是即苦得清淨。無生，即如知一切法如幻，都是鏡影，都是螢光屏上的影像，有顯現相，但無實體，是故說爲無生。

不攀緣故，集得清淨。此即識境中的有情，不攀緣識境中的名言與句義，由是即無有集，因爲一切集都依名言與句義而成，離名言與句義，集的義便不成，是爲集得清淨。

由滅盡故，滅得清淨。這裡說的是滅盡，並不是將滅捨離。凡經中所說的「盡」，都是無捨離而盡。此如人於中學時，可以說是小學盡；於大學時，可以說是中學盡，但卻非作意捨離小學或中學，如是即成無捨離而捨離，由是始得稱之爲盡。這裡說的滅盡，亦即如是，並非捨離滅，更不是把一切集都消滅盡，若捨離滅，或滅盡一切，都不是中道，更不是佛的密意。

由修習故，道得清淨。此句易解，即修習此三陀羅尼門，是清淨道。

【正文】：**無邊莊嚴，一切諸法無有分別，亦不增長，亦不積集。聖者如實善了知故，不起分別，不行戲論，能如實見，不毀不著。由道斷故，於諸善法不起分別，亦無戲論，況不善法。由無分別共相應故，亦復不住，法非法斷。若遍知斷，即無法結及非法結。彼能了知結法虛妄，此虛妄法，空無所有。此是彼等所入諦門。**

由是門故，不愛不恚，證捨圓滿，能斷諸結，安住正道，到於彼岸，證法自性而無入出。無邊莊嚴，汝今當觀一切諸法，本性皆空，自性寂靜，無有作者。諸法非實與結相應，非不相應。於彼無性法中不應執著，亦復不應離性非性而起分別。既能了知因緣清淨，不應戲論諸有一切因緣生法。彼緣性空，究竟清淨。如是因緣，非互相應，諸法輾轉，無有所作、無有所行、無有事業。

如是思維一切諸法，互相空故，無有自性、無依

無住。無邊莊嚴，汝於此中，應當悟入，則能增長不可損壞普遍光明清淨法門。由攝受故，當得清淨；無戲論故，當作光明；超過結使無所著故，當得出離。

【疏】： 本段經文，有如說《金剛經》之「應無所住而生其心」。強調於緣起亦不住，是因爲佛建立緣起來說識境，因此恐怕學人住於緣起。能圓滿捨離，都無所住，「則能增長不可損壞普遍光明清淨法門」，這便是能得出離。出離識境的名言句義，不因名言句義而成立爲有。

對於緣起，應如是了知。先須知「本性皆空，自性寂靜」。所謂「自性寂靜」，即是不應將名言句義加於自性上，離名言句義即是寂靜；所謂「本性皆空」，此即一切法自性唯是本性，除本性外更無自性（如鏡影，除鏡性外，更無自性）。對於本性，即施設爲空性。

其次應知，「諸法非實與結相應，非不相應」，結可理解爲煩惱，是即諸法與煩惱非相應，非不相應，落於名言句義則非不相應，不落名言句義則非相應。

由本性自性即知緣起亦爲空性（但於識境中，可說爲由緣起生起諸法，諸法由緣生而成爲有）。由非相應，非不相應，即知緣生諸法與煩惱非相應，非不相應。如是，對於「緣生」，非遣除，非不遣除。必須知此密意，然後才能理解出離。若以爲出離便是出離世間，那便是遣除緣生，破壞世俗。由密意非遣除，非不遣除即知，於世間所須捨離者，僅爲世間的名言句義，離名言句義，即見本性，亦可說爲即見一切法自性空。

【正文】：**無邊莊嚴，一切諸法，唯有名相開示宣說。何謂名相。相，謂四大所造諸色；名，謂一切非色之蘊。如是名相，一切皆悉虛妄不實，以顛倒故而有執著。或色是我、色是我所。相分別故，有名示說。如是名色，二俱不實，一切皆是虛妄壞法，如幻如夢。色體不堅，如夢所見。乃至四蘊亦非真實，但以世俗文字施設。如是知時，不見有苦。由實諦故，無有攀緣。無攀緣故，心無所有。無所有故，何有與彼攀緣相應。由此而能於涅槃界，得超過想，及所知滅。**

【疏】：本段經文，說五蘊唯有名相。有實質的色與及非實質的名，都唯有名相，無有實體，故非真實。其所以成爲有，實由「世俗文字施設」而成。如何去除此實執，則說爲「無有攀緣」，由於不攀緣，心便不落於文字、言說的施設，由是即無與施設相應的法，如此即無實執。

經言「由此而能於涅槃界，得超過想，及所知滅」，所謂「想」，即是由名言與句義所成的概念，亦即是根據施設而起的概念，若超越這些概念，即不落於概念之中，這樣就不會依概念來理解涅槃界。必須這樣才能證到涅槃，否則便只是受施設出來的涅槃界所縛。

【正文】：**無邊莊嚴，三界由想、作意所生，是故說言三界虛妄，想及作意亦非真實。彼所有想即色執著，所有作意皆與受想行識相應。諸法本性亦無相應，非不相應。乃至非想亦非作意，想及作意本性皆空，所有言說亦皆虛妄，但假施設令性寂靜。**

【疏】：此說三界亦由名相所成，是即由想或作意所生。具體的色蘊由想生，抽象的受、想、行、識四蘊，由作意所生，是故虛妄，亦即一切言說悉皆虛妄。對付這些虛妄，亦由假施設而成，例如說空，空本來亦是假施設，但有了這個假施設，便可以「令性寂靜」。亦即令名言句義遠離於性，由是寂靜。若無空的假施設，人便可以執著火性、水性等等名言句義，以火性、水性為真實，是即成昏鬧。

【正文】：**無邊莊嚴，諸法本性，以假名故，如是所說亦皆平等。無邊莊嚴，於此法中，證於實諦。諸菩薩等應當了知。謂諸如來一切結使皆捨離故，凡所演說終不唐捐，汝等於此應善思維，無令執著，於一切法勿生分別，離諸戲論，了一切法無有自性，而於眾生起慈悲想。思維悟入如是法門，為利一切開示演說。**

【疏】：此說諸法本性亦由假名成立，是故一切諸法平等。所謂本性，即識境以智境為基，若說智境為空性，則識境一切法亦爲空性，此如鏡影，依鏡爲性；水月依水爲性，亦爲假名施設。一切鏡影平等，一切水月平等，是故依於智境的一切諸法亦皆平等。

這樣說空，實在亦是施設，然而依此施設，則能得空的究竟義。何以說爲究竟，因爲無可諍論。例如鏡影，若說鏡影性空是由於緣生，顯然並不合理，但若說鏡影的自性，一定便是鏡性，當施設鏡性爲空時，鏡影便是空性，如此成立性空，即便無可諍論，所以由本性而說一切諸法自性空，即爲究竟。在名言，則說爲本性自性。此即「離諸戲論，了一切法無有自性」。

【正文】：**云何法門。謂了無明諸有為法，悟智見等諸無為法。應遍清淨，證入一切有為無為無戲論智。非數入數、非數住數，隨順如是非數法故，證入無為清淨法門，獲得遍持光明智慧，攝受諸法令不失壞，能以覺慧方便善巧，廣為眾生演說諸法。**

【疏】：「無明諸有為法」即是識境，「智見等諸無為法」即是智境，「證入無為清淨法門」即是智識雙運智，亦即證入如來藏智。

若證入識境的「非數法」，即知非真實存在的法，於識境中視爲真實存在（非數入數）；非真實存在的法，於識境中常住於法（非數住數），由是而成虛妄、雜染。能現證知非真實，即是「證入無為清淨法門」，亦即無上陀羅尼門。

【正文】：無邊莊嚴，此是諸菩薩等入陀羅尼門。由是門故，出生廣大差別覺慧，及能發起演諸法義善巧之智。無邊莊嚴，此中何者是彼陀羅尼門。由是菩薩於諸法中能得總持方便善巧。無邊莊嚴，此中菩薩住遍清淨善巧之智，行於辯才，由義覺慧觀察諸法本性自性。然一切法自性無住，無名無相無所建立，無邊建立不可宣示，但以世俗言詞演說。所有諸法本性自性皆不可說，無來無去無有文字。文字清淨無有功用，何以故，諸法本性等虛空故。一切諸法亦復如是，無作無起無相清淨，以虛空開示演說。此則諸法無門之門，門清淨故究竟無染，亦不隨染。何以故，諸法究竟不生不起，所有自性亦不生起。

【疏】：此說「入陀羅尼門」，由一切諸法平等而入，亦即由證入智識雙運界而入。

又說，何者是陀羅尼門，即是「菩薩住遍清淨善巧之智」，現證「一切法自性無住，無名無相無所建立」。如是即爲出離，離識境中的一切名言句義，見一切諸法本性自性。此本性自性「無來無去無有文字，文字清淨無有功用」，亦即不可說不可思議，這是說佛的內自證境的自性。雖不可說不可思議，但卻必須施設名言來說，所以就施設爲空（śūnya，零），說此本性自性爲空性

（śūnyatā，零性）。這是最澈底的無有自性，故經言「所有自性亦不生起」。

【正文】：**是故當知，三世所說一切諸法自性無性，亦不應執諸法無性。此是諸菩薩無所執著陀羅尼門。為諸菩薩門清淨故，如是開示說一切法。有形相者，所說形相即非形相，不作不壞不愛不恚。是故當知，形相門者則為非門，門清淨故，由是能得入無形相清淨法門。為欲了知此形相門無所有故，不以有義。如是宣說，無所作故入無形相。無邊莊嚴，如是所說無形相門為陀羅尼清淨故轉。無邊莊嚴，所言門者猶如虛空，一切諸法依於虛空而有生滅，彼生滅者性皆平等，作是觀時無有生滅，無所攝受。**

【疏】：此說一切諸法無性非無性，無性與非無性二者雙運。於智境，可說識境一切諸法無性，於識境，則識境一切諸法非無性。故二者雙運，即可說爲「無性即非無性」，由是亦可說「形相即非形相」。如是即陀羅尼門淸淨，於觀修時，「無有生滅，無所攝受」。若說無性，則落於智邊，若說非無性，則落於識邊，這就不成中道。唯有離開「性」這個概念，才能不落智、識兩邊來理解諸法的性，若落於言說，那就只能說爲「無性非無性」。於「無性非無性」的密意，必須如是理解，不能理解爲既是無性，亦是非無性。

中觀自續派認許自相，應成派則遮遣自相，二者比較，當以應成派爲究竟，大中觀則根本無相想（沒有相的概念）。

【正文】：**於一切法應如是知，一切諸法亦非攝受，非不攝受，非等非不等，乃至無有少法而可得者，由是能了此形相門。為得無相門清淨故，開示演說。無邊莊嚴，言無相者，所謂無身及身施設，無名無句亦無示現，於此教義應當了知。彼無形相與虛空等，言虛空者，亦無虛空及空示說，此是無明隨順明智力聚法門。**

【疏】：此陀羅尼門又可說爲無相門，了達此形相門故。說爲無相，即是無相的概念，並不是否定識境的相。當相的概念不成立時，自然無相可說，這就是「形相門」的密意，亦是無相門的清淨。

無形相與虛空等，是說如來法身與虛空等，然而虛空只是比喻，並非說法身即是虛空，所以在虛空喻中，不能執實虛空，亦不能因虛空喻而執實空。

所謂「無明隨順明智力聚」，即是用比喻來隨順智境，此比喻落於名言句義，是故無明，然此比喻卻隨順明智力聚而設。

【正文】：**菩薩能證陀羅尼門理趣方便，由證入故，無有諍**

論，無有忘失，隨入無斷秘密語言陀羅尼門。譬如有龍名無熱惱，降澍大雨流澍無斷。

無邊莊嚴，所言陀羅尼者，是何句義？

無邊莊嚴菩薩摩訶薩白佛言：世尊，陀羅尼者，即是隨順諸法秘密方便假名，即是隨念遍持之業，即是說法語言之句。由智聚力，得入如是陀羅尼數，以善覺慧，應當受持無量無邊菩提之力。世尊，如我所解，此無邊智演說方便，為欲利益諸眾生故，開示流布令法不斷。世尊，此陀羅尼門，是大虛空、是大方廣，以是義故，能廣宣說。由說平等能攝受故，名隨教法，善巧開示廣大流布。文字差別得圓滿故，通達辯才而得成就。由觀察義善巧說故，於義辯才而得圓滿；決定諸法善開示故，於法辯才而得圓滿。哀愍眾生，以大慈悲而能攝受，由攝受故，次第調伏，令得清淨。無諸戲論而能演說平等捨法。世尊說此陀羅尼秘密方便法門品時，無量無邊善巧之義，從佛口出。

【疏】：此處說「隨順諸法秘密方便假名」，即是前面所說的「無明隨順明智力聚」。所以「諸佛秘密方便」即是「明智力聚」；「假名」即是「無明」。

這即是說，此陀羅尼門隨順佛內自證智，方便施設假名而作言說。雖然是施設，但因爲「名隨教法」，即假名隨順教法而施設，是故得「無量無邊善巧之義」。

由這段經文，即知所謂陀羅尼門，亦是假施設的名言，然而，他是隨順佛內自證智而施設，亦即隨順諸佛如來密意而施設，所以便成爲方便善巧的言說。以此之故，對陀羅尼門不能執其名言，而應知其密意。有些學人，研究梵文dhāraṇī的字義，研究他是文句抑或是咒語，實在徒勞無功。

【正文】：**爾時，佛告無邊莊嚴菩薩摩訶薩：所言門者，即是如來一切智智門之增語。於此門中由語言故，而得演說一切諸法，如來安住無邊清淨，究竟清淨自然智見，以無所住、無所建立，流注廣大甚深之法。**

【疏】：此處佛說「門」亦是言說，因爲凡佛所說的法門，其實都是言說。指出這點，即說依法門而立的宗義皆不究竟，佛所證的自然智則究竟清淨。此智境無所住，是故無所建立，但能流注廣大甚深之法。對三品陀羅尼門，應如是理解。不可執著於門的名相，去理解這個法門，學人應依佛的施設，求如來一切智智，安住無邊清淨，所以無上陀羅尼門即以一切智智稱爲無上，如是爲基；清淨陀羅尼門所說即是無邊清淨果法。

【正文】：**無邊莊嚴，如來嘗說一切諸法皆是佛法。以於諸法能善了知，名為佛法。諸法本性與佛法等，是故諸法皆是佛法。由能了知法非法故，說能了知**

一切諸法。能了知者，即能了知陀羅尼門。此陀羅尼而能遍入一切諸法，所謂語言演說談論，一切語言演說談論，皆由文字表示宣說。是中文字，阿字為初，荷字為後，猶如入胎受胎持胎以母為先，又如種子長養以父為先，如蘊積集以生為先，次後建立餘分差別，六處諸根次第成熟，如是字母為先。一切文字差別和合，如是字母為先，光發長養。

【疏】：由「無明隨順明智力聚」或「隨順諸法秘密方便假名」，即可以說一切法皆是佛法，因一切法皆施設假名故。在《楞伽》、《勝鬘》等經，甚至說外道邪法都是佛法，因爲這些外道所建立的法，亦不離自然智境而建立，所以一切外道法，於用佛智來抉擇時，亦可將未隨順明智力聚的無明，轉爲隨順明智力聚的無明。所以釋迦可以攝外道法而說佛法，例如，輪迴其實是印度許多外道成立的概念，成爲民間信仰，釋迦攝此概念，成立佛法的基礎。但於說究竟法時，則說爲輪迴與涅槃平等，無有分別。以此爲例，即當落於外道的概念來理解輪迴時（例如建立靈魂），那便是未隨順明智力聚的無明；當依佛所說，輪迴亦無自我，僅爲宿生業力聚的轉移，有如一根蠟燭點完，火燄燃起另一根蠟燭，這樣施設，便是隨順明智力聚的無明；說無輪迴涅槃，因爲輪涅平等，則是佛的密意，亦可以說是清淨智見。

以一切法皆是佛法故，所以可以建立陀羅尼。陀羅尼以字母爲基礎，建立成爲文字，文字又有聲音，及有表義，如是即成陀羅尼。陀羅尼可以理解爲咒，其實由咒音及其表義，即能總持一個法門。行者唸誦陀羅尼時，觀想咒音、文字、表義，於光明中三無分別，由是即能引發一個法門的總義，成爲心行相，於心中生起，此即陀羅尼門的基本修習。咒音、文字、表義等，都是假施設，由是而成假名，但所示現出來的卻是佛法。

【正文】：所謂阿字為先，荷字為後，諸餘文字在其中間，隨彼相應和合而轉。此即能入演説語言陀羅尼門。又當了知一切諸行皆悉壞滅，如彼文字書學成已，尋當除滅，如是一切有支建立皆當壞滅。如彼諸行和合故生，彼不和合應知壞滅。如是二種相應和合，建立一切諸有愛結，亦由如是二種和合，建立一切有為諸法。如是觀察，漸次能淨無作法門。由此能入演説生滅陀羅尼門，令諸菩薩方便善巧，速得圓滿。猶如字母阿字為初，荷字為後，如是作已，應以語言演説談論，善入一切秘密言詞。又應了知，無障礙法開示宣説。

無邊莊嚴，猶如字母阿字為初，乃至諸餘一切文字，分別作已，作意相續入於書寫，荷字之後更無文字而可建立，由是二種作意，能生一切有意之行，彼二分別無有真實。以於真實無少文字，本性自性亦無分別及不分別，而於其中，亦復無有少分所作。無邊莊嚴，一切諸法以智所知，是

智皆從文字建立而得生起，由是文字不成就故，彼智亦復無有形相可得。何以故，以於真實無有形相，由入如是無形相故，捨離一切所作事業，無所作故，捨離一切有為之事。

【疏】： 悉曇字母，第一個是「阿」（𑖀，音ah）字，最後一個是「苛」（𑖮，音ha）字，其餘字母居於此二字母之中。一切語言文字皆由此等字母組成，組成之後，即無字母，因已成爲語言文字而爲人所知故，更無人不理語言文字，而只去執持這些字母。復次，當既成語言文字後，語言文字亦復壞滅，因爲人只執持語言文字所表達的意義，更無人不理其涵意而執持語言文字。對於生滅，應如是理解。

經言「如是一切有支建立皆當壞滅」，這就是說十二有支有如字母或語言文字，當成爲十二有支相時（如生死相），這十二有支即便壞滅。所以分別說爲「相應和合」及「不〔相應〕和合」兩種和合，這即是識境中的生滅現象（可理解爲「得相應」及「不相應」兩種據相應義而成立的和合）。於得相應時，一切相生起，於不相應時，一切相壞滅。

經言「一切諸法以智所知，是智皆從文字建立而得生起」，即是一切諸法皆爲如來內自證智所知，然而智境不成顯現，唯藉識境建立才能顯示智境，此即如來藏智識雙運的境界。今所說的陀羅尼門，即依此境界而建立。由此建立，即由智境之無形相，悟入識境之離形相，由是說爲一切有爲法皆須捨離，以有爲法皆無作故。無作，即非由作意所成，佛內自證智所具的生機，非有作意成一切法，只是一切法藉此生機才能成爲有，所以說爲無作。

【正文】： **無邊莊嚴，此是陀羅尼清淨善巧遍持法門。若諸菩薩於此學時，能起一切無癡事業，為諸眾生宣説正法，令不缺減，不住諸想覆蓋著心，及能遠離想及作意，以能趣入諸法覺慧，證無邊智理趣善巧。**

無邊莊嚴，若諸菩薩遍取名已，了一切法唯有種種積集言說所起之名，而無真實。如是知者，應當隨入陀羅尼門理趣善巧。云何應入陀羅尼門理趣善巧。知所有名而無住處，不住諸法內外中邊，於一切處都不可得，但依積集種種言説而假施設。於施設名如實隨覺，是如實句。以此實句，應當了知一切諸法無名無説，此是諸佛力、無畏地。於所有法，應以此門開示演説。

【疏】： 怎樣修習這「陀羅尼清淨善巧遍持法門」，行者須「不住諸想覆蓋著心，及能遠離想及作意」，才能「趣入諸法覺慧」。由是說「於一切處都不可得」，故無所住。

經言「於施設名，如實隨覺」，即是由言說文字悟入諸佛密意，悟入密意，即是「如實隨覺」。

【正文】：**如來所說一切諸法，非一性、非異性，諸法無有一異性故。此一切法非生非有，如是宣示諸法亦空，法若空者，彼即無相。若無相者，即無願求。若法是空無相無願，則不可知，不可遍知，不應說彼若有若無。言有無者，但是言說，不應於中而生執著。何以故，如來常說，若不執著一切法者，是真勝義。若有著者，由是著故，於彼彼法隨生執著。如是執著一切皆空，是敗壞法，但唯虛妄戲論分別。**

【疏】：這裡說空、無相、無願三解脫門，然而不可執著於空，若執著一切皆空，是敗壞世俗，如是即成誹謗。因此，可以抉擇及決定空見，但須不住於空，如前所說，亦不住於緣起。空及緣起於識境中真實，於智識雙運界皆「唯虛妄戲論分別」。

於二轉法輪時，釋迦說「緣生性空」，此非密意，但是言說，所以學人說學佛只是求證空性，那便不理解「緣生性空」其實只是「隨順明智力聚無明」，非究竟說，非佛密意，於此處已明白說出此義。

【正文】：**無邊莊嚴，汝應當觀演說諸法，而於彼法實無示說，豈於此中有能說者而為他說。無邊莊嚴，此清淨法，從諸如來之所演出，能了知者甚為希有。無邊莊嚴，汝等今於我前聞如是法，能善了**

知住清淨信，能生勝解，雖復眾多，而於後世，希有眾生於此法中能遍了知，唯除今時，親於我所發弘誓言：願於來世，利益安樂諸眾生故，而當受持如來法教。若曾往昔於如來所，承事供養、深生信解、愛樂希求，於甚深法理趣善巧，願聽聞者，此諸菩薩，常能獲得陀羅尼法。

無邊莊嚴，由於往昔供養如來，復得值遇無量諸佛，承事供養，於甚深法因緣理趣深信解者，善求於法多勝解者，趣行深廣求大乘者，聲聞乘人厭離三界。於甚深法勤修行者，此諸人等，未曾聽聞此甚深法，無邊莊嚴，如來為欲利益安樂此諸有情，令證甚深廣大無量難見難解種智覺故，而復宣說甚深之法。此非愚夫無聞、執著、不求法者之所行地，有如理修行善根具足，於微少過生大怖畏，於諸怖畏而求解脫，是此等類之所依處。

【疏】：佛說此深密法，由於實無是說，所以「能了知者甚為希有」，於此法中能遍了知者，只有親於佛前發弘誓者，才能受持此法，由此可見此法之珍重。

愚夫對此法自然不能信解，即使「如理修行善根具足」的行人，對這法門亦會「於微少過生大怖畏」，復求解脫怖畏，是即成作意、而且有想，是即不能入此法門。

甚麼是「於微少過生大怖畏」，此即不成法忍。如聞佛說「無生」，對「無生」義未能透澈，那便是微少過失，行者即因此未能透澈而輾轉思維，由是不堪承受無生，於無生生大怖畏。

【正文】： **無邊莊嚴，如來今為汝等天人世間，常演說法不生勞倦，由佛往昔行菩薩道時，於無量億劫精勤修學此甚深法，既修學已，方便回向。云何為諸有情當轉無上微妙法輪，及為有情而得示現無上大智，令一切智智種性不斷。無邊莊嚴，此由如來往昔願力，為令一切種性不斷，及威加此陀羅尼句，開示演說此甚深法，廣令流布，使諸有情於佛法中當能悟入，令一切智種性不斷，光闡弘宣此諸法教。無邊莊嚴，汝等今欲隨學如來，有諸眾生希求法者，開示演說勿生勞倦。無邊莊嚴，諸菩薩等如所聞法，於大眾中當廣開演所有法行，由是當得近於佛智，能速證獲陀羅尼門。由證陀羅尼故，以少功力，而能受持光明照耀清淨法門。**

【疏】： 此處強調學人須作回向，由回向令此法門不斷，凡作回向，皆應持證量而作，這才能將觀修此法門的功德，回向一切有情。

此處又說，證陀羅尼門尚未究竟，尚須「受持光明照耀清淨法門」，此陀羅尼門尚爲八地以上菩薩之所現證，「光明照耀清淨」始爲佛的內自證智境。

本段經文說佛悲心，由悲憫眾生，故欲令一切智種性不斷，此即欲眾生成佛。學人作回向，即由回向力得能滿佛願，亦能積集福德智慧二種資糧。

【正文】：無邊莊嚴，一切諸法本性清淨，若法本性，非彼相應非不相應，非和合住非不和合。於諸法中而無有法，若無有者，則無有處而可示說，唯除因盡，因盡故即離，離故即滅。

我為有情了知故，說一切諸法本性自性，於彼無因、即無因盡，無因盡故，無離無滅。無邊莊嚴，汝觀如來之所說法如是清淨，若有以法觀如來者，彼於如來見不清淨。何以故，如來非法亦非非法，如來尚不安住少法，何況非法。若住非法，無有是處。如來超過諸表示法，不可宣說，一切語言皆清淨故。是故如來最極甚深廣大無量。

【疏】：諸法本性自性，此前已說。

由本性自性可能引起一個問題，一切識境於智境上任運圓成，所以能夠任運圓成是因為有智境的功能，此即說為如來法身功德，例如現分。現分可理解為生機，正因為有此生機，才能令識境得以任運圓成而成顯現。因此，如來法身此智境是否即是識境生成的因呢？若落於兩邊來看，這問題可以肯定，智境即是識境的生成因。但若離兩邊，亦即在智境識境雙運的境界中，便不能說識境是智境的生成因，道理很簡單，若有因果關係，便不成雙運。雙運必須平等，落於因果便是相依的關係，絕不可能有相依而成雙運的法。是故經言：「於諸法中而無有法，若無有者，則無有處而可示說，唯除因盡」。這即是不以智境為識境的生成因，是即無因。

這即是說，若說識境的一切法顯現有因，則違反了智識雙運，以因果關係違反雙運故；若說識境的一切法顯現無因，亦違反了智識雙運，因為在識境中，一切法實不能超越因果而成為有，如是識境不成，當然更不能說為雙運。所以，佛的密意是，智境是識境的含藏因（絕不是生因），說為含藏因，並無因果關係，例如地球含藏人類，那只是地球的功能（如萬有引力），並不能說地球為因，生起人類為果。智境對於識境亦是如是，能含藏一切識境，是因為有智境的功能（如來法身功德），此功能是識境一切法顯現的主要因素，但卻並不是生起一切法的因。現分是生機，無生機即無識境顯現，因為一切法無生機即不能任運圓成，但這生機卻是客觀的自然存在，平等周遍，任何生命都可以享受這自然的生機，這生機亦不左右一切法的任運圓成，所以是客觀的存在，一如我們這個世間的水，無水便無人類，但我們只可以將水看成是自然存在的生命因素，絕不能將水當成人類的生因。

若這樣了知時，很自然就會理解，說一切法自性即是本性，此中並無因果關係，一切法自性非以本性為因，一如鏡影，其自性必為鏡性，但不能說其自性與鏡性為因。充其量只能說，鏡是鏡影的含藏因。這樣就澄清了本性與自性的關係，此中不涉因果，因此即可說：「於彼無因、即無因盡，無因盡故，無離無滅」。

【正文】：**無邊莊嚴，如是如來非色表示，非受想行識之所表示，如來亦非色盡解脱，非受想行識盡解脱。由是如來絕諸表示，與色等法非共相應、非不相應，而於一切有為無為，能遍解脱，不起分別無有戲論。**

如來不與色取相應，亦復不與受想行識諸取相應。永斷一切取蘊根本，而亦遠離諸法根本，謂無戲論，不入不出，超度瀑流。不住無上諸佛智境，亦非不住，應説如來不住少法，不取不捨。如説如來説法亦爾，如來不相應故，如來之法亦不相應。如如來法，諸法亦爾，依如實理，諸法皆如是故。世尊説一切法悉是真如，一切法如，與佛真如無二無別，非一非異。如來安住無分別法，非遍計故。

【疏】：此承接上文所言，由於本性與自性無因果關係，亦即如來法身與世間無因果關係，所以如來與識境的受、想、行、識即非共相應，非不相應。亦即如來非色、受、想、行、識所能表示，是故即使落於識境言說，亦不能說如來法身與識境相應不相應。以此之故，不能說如來是因爲色、受、想、行、識五蘊盡，才得解脫。這一點非常重要，於觀修陀羅尼時應須了知，並非由觀修求五蘊盡，若求五蘊盡即大邪見。所以說都無所住，說一切法不住，並非斷滅一切法而無所住，亦非斷滅五蘊而不住。如是即知何爲無所作而作、無所捨離而捨離，這才是觀修陀羅尼門的正見。

通俗來說，人不能靠斷滅一些甚麼來成佛，亦不能靠得到一些甚麼來成佛。了知一切法本性自性，自然名言盡，自然無所住。名言盡則無分別，無所住則無所得。由無分別而證菩提，由無所得得大涅槃。

【正文】：**無邊莊嚴，如來說法，終不超過一切諸法。何以故，無有少法可超過故。無邊莊嚴，如來於彼某時，證得無上正等菩提，然於彼時，實無有法而可得者，以一切法及諸隨法不可得故。不起分別，亦復不起法與非法及作意想。於彼本性清淨法性，而不安住、亦不建立。如是了知簡擇法時，亦無了知及簡擇者。無邊莊嚴，此所演說第一義句，即是如來非句之句，句清淨故。以是義故，諸菩薩等得一切句清淨之智，由是能入無邊理趣陀羅尼門，亦無少法而可證入，不來不去。**

【疏】：經言：「如來說法，終不超過一切諸法。」這即是說言說不離識境，然而，如來實一切法都不住，以無所得故。「亦復不起法與非法及作意想」，以無分別故。此即承上段經文而說。《入無分別總持經》便詳細說明這個理趣。

【正文】：無邊莊嚴，所言句者，無句可得，非句句故，於一切句應如是知。如是諸句，是厭離句；若厭離句，是虛妄句；若虛妄句，即厭離句。彼一切句，是滅盡句；若滅盡句，即真如句；若真如句，即究竟句；若究竟句，是盡離滅句；若盡離滅句，即涅槃句；若涅槃句，即非世俗。無句施設，亦無示說。

【疏】：這裡說觀修抉擇，抉擇一切句義，是「厭離句」（厭離世間的名言句義），世間與輪迴皆是虛妄，所以是「厭離句」是「虛妄句」；但必須由此虛妄句而厭離，所以說「若虛妄句，即厭離句」。這樣就能不執著厭離而受厭離所縛。

復次，佛說的法門是「滅盡句」。滅盡一切識境的一切名言與句義，是故是「真如句」；能示現真如，即爲究竟。因此決定，所謂究竟，即「盡離滅句」，以盡離名言句義故。

再持「盡離滅句」來抉擇，復作觀修，即能悟知盡離滅即爲涅槃，以既盡滅即無所得故。由是決定，涅槃「無可施設，亦無示說」。

【正文】：無邊莊嚴，言一句者，於一切善不善法中，平等

趣入。云何一句，所謂離句，於厭離中無有少句，是一切句。猶如厭離句亦非句，句清淨故。若句清淨，即涅槃清淨；若涅槃清淨，即句清淨。如是諸句皆不可說，若以語言宣示句者，而彼諸言，於十方界求不可得，誰為誰說，故諸言說一切皆空。彼若空者，即無有義，不應於中戲論分別出生。如是諸句義者，一切皆是無分別句、無戲論句。是故修觀行者，尋求觀察一切句時，當知皆為離滅涅槃。如是諸句不異涅槃，亦不可說，然非不異，由言說句皆虛妄故，為清淨句。宣說善巧表示諸句，非實表示，若非表示非不表示，則處中道，若處中道則無分別，以於此中分別斷故。於此法性平等入時，而無有處行少惡行，無所得故。如是不行，亦不遍行，不等近行，若如是行，諸佛說為菩薩乘者，無有少法而可行時，彼行菩薩地，安住無上清淨陀羅尼故。

【疏】： 此處說決定後的現證，現證境界無可說，但對此境界的見地則可說，此見地即是「如是諸句義者，一切皆是無分別句、無戲論句」，然而，「如是諸句不異涅槃」，由是即成智識雙運境的悟入。

假如一定要用言說來表達智識雙運境，則只能說此境界處於中道、無分別、大平等性，然而並非作意於中道、作意於無分別、作意於大平等性。以無作意故，即無捨離，由是即成「離滅涅槃」。是故經言：「諸佛說為菩薩乘者，無有少法而可行時，彼行菩薩地，安住無上清淨陀羅尼故」。

【正文】：無邊莊嚴，我今當說陀羅尼句。由是句故，令諸菩薩得陀羅尼，而能開示無邊法藏，應說此等住無諍地，以能摧破諸他論故，極寂靜故，廣演法故。此中何者是彼法門陀羅尼句 ——

哆姪他若曳1　微若曳2　隝計3　烏迦（上）**筏底**（丁以反）4　**阿**（引）**路計5　阿**（引）**路迦**（上）**筏底**（丁以反）6　**鉢囉**（二合、上）**陛7　鉢囉**（二合、上）**婆**（上）**筏底**（丁以反）8　**娜唎設儜9　儞**（尼頂反）**那唎設曇筏底10　遏替11　遏他筏底12　戍闥儜13　鞞戍闥儜14　鉢唎戍闥儜15　吃唎**（二合）**耶**（上聲）16　**吃唎**（二合）**耶筏底17　嘔哆囉尼**（上聲）18　**珊哆囉尼**（上聲）19　**摩訶毘社曳20　麼訶毘社耶筏底**（丁以反）21　**阿怒珊地**（上）22　**阿鉢囉**（上、二合）**底**（丁以反）**珊地**（上）23　**庾伽**（上）**磨陜榛陀**（上）24　**悉地25　悉馱遏揥**（二合）26　**悉陀**（上）**遏他**（上）**筏底**（丁以反）27　**麼底**（丁以反）28　**麼底**（丁以反）**鉢囉**（二合）**鞞29　嘔哆唎30　嘔哆囉筏底**（丁以反）31　**弭磨唎32　彌磨囉怒散地33　薩嚟34　薩囉筏底35　薩囉**（引）**怒伽底36　娑冥**（上）37　**娑麼藍婆**（上）**弭伽底38　羯底**（丁以反）39　**阿儞伽底40　阿鉢囉**（上、二合）**底**（丁以反）**儞筏底41　彌勢囇42　彌勢囇筏底43　阿**（上）**磨醯儞44　儞磨醯**

儞45　鉢囉（二合）磨醯儞46　鄔（引）荷鄔哆囉嚀47　麼囉鉢娜曳48　阿（上）勢鍛（去）49　阿怒跛勢鍛50　阿怒伽迷51　阿鉢囉（二合）底伽迷52　阿伽（上聲呼）帝53　阿娜伽（上聲呼）底54　伽底弭戍馱儞55　鉢唎戍第56　薑（去）竭差（初假反、二合）掣（尺曳反）娜儞夜帝57　麼底（丁以反）鉢囉（二合）避帝58　麼底毘戍馱儞59　三縵多（引）怒羯帝60　三縵多鉢唎縛（房可反）嚟61　三縵多毘戍馱62　儞阿怒跛仡囉（二合）呬63　阿儞仡囉（二合）呬帝64　呬那（引）囉梯（二合）65　阿囉他（二合）毘戍地鉢囉冥66　奚都儞地珊寧鉢囉（二合）避底67　鉢囉（二合）避多筏底（丁以反）68　毘儞設者（二合）曳69　避儞設者（二合）耶（引）怒羯帝70　阿難多囉捸71　阿難多苾仡囉（二合）奚72　麼社毘戍地73　阿怒竭囉奚74　鉢囉（二合）竭囉荷毘戍馱儞75　阿地耶（二合、引）多麼（二合）毘竭帝76　麼呬囉馱（二合）毘戍馱儞77　苾地耶（二合、引）怒竭底（丁以反）78　苾地耶（二合、引）怒散地79　鉢唎戍馱儞80

syād yathedaṃ / jaye bijaye / uke ukabati / aloke / alokabati / prabhe prabhabati / niradarśaṇe / niradarśaṇabati / adhe adhabati / ṣodhanaśo dhanabati / pariśodhane / kriye bikriyabati / uttaraṇi / sandharaṇi / mahābijaye / mahābijayabati / anusandhi / apratisandhi / yugabati / naddhasiddhi / siddharata siddhiratabati / mati matiprabhe / uttare uttarabati / bicare / bicara anusandhi

/ sare sarabati / sara anugate / same / sambharabigate / gate anigate / apratinibarte / biśeṣa biśeṣabati / abhahini / nibhahiṇi / prabhahini / aham uttaraṇi / mālapanaye / aśeṣe anupaśeṣe / anugame / apratigame / agate anugate / gate biśodhani / pariśodhani / kaṅkṣacchedani / yati / matipratite / matibiśodhani / samanta anugate / samanta paribhire / samanta biśodhani / anupragrihi / anagrahite / hinārthe / arthabiśudhi / barame / hetuni / dvisanni / pratite / pratitabati / biniṣcaye / biniṣcaya / anugate / anantarate / anantabigrahe / matabiśudhi / anugrahe / agrahe biśodhani / adhyadmabigate / bahababiśodhani / bidya anugate / bidya anusaṃdhiti / pariśodhani //

【疏】： 這是無上陀羅尼門句。爲方便讀者唸誦，依林光明《新編大藏全咒》附上咒文羅馬轉寫，俾作參考，漢文譯音亦依之訂正。下同。

【正文】： **無邊莊嚴，此是陀羅尼標釋之句。諸菩薩等由是句故，而能隨念無量如來所有法藏，亦能為諸有情，開示演説住無諍地，復能隨入一切義句理趣善巧，善能了知無量廣大差別智覺。隨其所願，皆得圓滿。**

【疏】： 由唸誦咒文，可由其梵音而知義理，這是陀羅尼門的根本施設，但不可以將咒文完全看成是文字，此如咒文開首的三句，jaye bijaye / uke ukabati / aloke / alokabati，可以理解爲對世法盡的讚嘆，所謂世法盡，即是世俗的名言與句義盡。當行者唸頌這三句咒文時，即應起捨離名言與句義想。

陀羅尼稱爲總持，即由這首咒文，可以總持上說的無上陀羅尼門法義。

此法門尚未說畢，故下來續說。

無上陀羅尼品第一之二

【正文】：**爾時，佛告無邊莊嚴菩薩言：我當說彼陀羅尼門理趣差別智慧善巧，令諸菩薩得陀羅尼善巧方便。由證此故，當能了知隨法秘密善巧理趣。**

【疏】：「說彼陀羅尼門理趣差別智慧善巧」，即說修習陀羅尼門的次第（「理趣差別」）證量。

「令諸菩薩得陀羅尼善巧方便」，即由抉擇、觀修、決定而成現證。此中由抉擇至決定，即善巧方便。現證即爲「了知隨法秘密善巧理趣」，是即了知陀羅尼門中的諸佛密意。

【正文】：**云何了知，無邊莊嚴，於眼所見色陀羅尼，乃至意所知法陀羅尼門，無邊莊嚴，云何六內諸法所取外法陀羅尼門。無邊莊嚴，若諸菩薩眼見色已，而由不可映奪智力，及念善巧不迷忘故，了知遍持色是無常，生滅不住，皆盡離滅，由此復能於內眼界，而不執著我及非我，善巧安住眼處清淨。於色攀緣不攝受故，而能清淨陀羅尼門，善能觀見，盡厭離滅，則無戲論。**

【疏】：此言，眼、耳、鼻、舌、身、意等六內識緣色、聲、香、味、觸、法等六外境，應得決定而成現證。決定如何生起，由抉擇智（經言：「由不可映奪智力」，此智力即抉擇智），抉擇無常、無生滅等，依此觀修即得決定。

觀修時的觀察，經言：「由此復能於內眼界，而不執著我及非我，善巧安住眼處清淨。」這即是說，由善巧抉擇外境，而能除去對「內眼界」等內識的執著，從而更不執著我及非我，如是始為眼處清淨。所以，這並不像通途所言，外境空則內識亦空，這種說法只是推理，不是觀修。陀羅尼門的觀修，是由抉擇外境無有，然後去除內識的執著，只是去除執著，並不說內識為空，當對內識執著能去除時，亦不是只建立一個非我，而是不執著我與非我，非我亦不能執，那才是真實的觀察，因為這觀察不落一邊，實基於根本抉擇見，即智識雙運見而成抉擇。這就比「外境無有，內識亦當然無有」這樣的決定更為深密。

此處所言，已含兩個次第。一、抉擇外境，決定外境無有；二、抉擇內識，由內識緣外境無所得，決定內識無可執著，復經觀修、現證，不執著我及非我。

又，有些學人，提倡離能所，若欲離能所，必須據此陀羅尼門觀修，此外別無法門。於此處，即說陀羅尼門由不執著我及非我而離能所，並不是先建立一個「離能所」為目的來修離能所。同時，不執著我及非我，並非由外境無有而成現證，只是由不執著外境而成現證，亦即知內識所執如幻，然後經觀修作出決定，內識所執如幻即無所得，由是內識其實亦是如幻。為甚麼說內識如幻呢？因為內識所起的心行相，實依外境而成，故當決定外境如幻時，內識所起的心行相，亦必如幻，以此之故，即無我與非我可成。

【正文】：由不戲論總持善巧，住無妄念，無有積集，所行道中而能捨離眼與眼識及所知法，無有分別，由如實見得清淨故。亦能隨念，諸法如幻，於能所識，清淨善巧得總持時，善能攝取不共世間廣大智蘊。如是略說，乃至意所知法陀羅尼門。菩薩以意了知法已，而由不可映奪智力，及念善巧不迷忘故，而能總持諸法無常，生滅不住，盡厭離滅，於內意處安住總持，亦不執著我及非我。善於內住意識地者，隨能妙觀總持善巧，次善安住，意處清淨。

於外法處不攝受故，能得清淨陀羅尼門；由內外法及餘結使不相應故；能隨觀見盡厭離滅，不作戲論。由不戲論，總持善巧，住無妄念、無有積集，趣行之道而能捨離。意及意識并所知法，無有戲論，不起分別，以如實見得清淨故，而能隨念諸法如幻，亦能總持於識所識清淨善巧，而能攝取不共世間殊勝福慧。

【疏】： 此處是說如何得決定及決定後的現證。

「由不戲論總持善巧」即是由離戲論而得總持觀修的善巧方便。觀修建立的所緣境，是識境的建立，所以並不真實，其建立只是善巧方便，例如密乘所建立的壇城與本尊。若行人知其爲善巧方便，只是通過所緣境來修真實，於得真實時，這些所緣境即可棄捨，那便是「不戲論總持善巧〔方便〕」。說爲「住無妄念，無有積集，所行道中而能捨離眼與眼識及所知法，無有分別，由如實見得清淨故」。如是即能「攝取不共世間廣大智蘊」，此即爲行人觀修的證量。觀修眼與色如是，以至觀修意與法亦如是。亦即當不攝受外境，現觀外境無分別時，即能得清淨陀羅尼門（觀修果）。

此中的關鍵在於無分別，由無分別始能決定諸法如幻。有些學人，只是從理論上說諸法如幻，然後說因爲如幻，所以無分別，那是錯見，不合佛所說的觀修次第。

至於如何得無分別，此即經言：「住無妄念，無有積集，所行道中而能捨離眼與眼識及所知法，無有分別。」經中所說的「捨離」，即是捨離世俗的名言與句義，不依名言與句義而見外境。由依佛說而作觀察，於觀察中見外境義。如佛說無常，當觀察壇城與本尊時，亦見其無常，因爲壇城與本尊的顯現，於觀修時明明見到是心相續所起的行相，所以觀想的境界，時見時不見，行者須作意而見。

因爲問題重要，所以再舉一例來說明。如看電視螢光屏，螢光屏顯現電視劇，所以當對畫面不作觀察時，我們便會依名言句義來看螢光屏上的影像：這演員是誰，演得好不好；這角色是誰，是忠是奸。這樣外境便有分別。於離名言句義來看螢光屏時，畫面不變，觀察的人只把畫面看成是心的行相，這行相將外境反映出來，對此行相更不加以名言與句義的增上，那麼，就知道心行相所反映的，只是螢光屏上的影像，如是即入無分別。這樣觀察，便是《入楞伽經》所說的「唯心所自見」。

【正文】：**又能如是，於去來今及諸內外一切法中，由隨義覺，攝取方便善巧智力，不於少法起無因見，而不於因起於緣見，亦不於緣而起因見。了一切法各不相應，如實隨入諸法本性，此一切法本性清淨，輾轉寂靜。若一切法輾轉依持，隨種類持，由於遍持共相應故，得安住者，應知彼法不由依持共相應故，而得安住，不生不起而不流轉，亦非言說之所能得。彼所有義，一切諸法各不同分，非共相應、非不相應。以一切法無有作者，令作者故。無有壽者、無有眾生、無補特伽羅。此說法句，非如其實、非不如實。一切諸法不攝受故，同於涅槃，無有執著、斷於執著、遠離執著。**

【疏】：承接上來兩個次第，抉擇因緣，因緣各不相應，並非有此因必有此緣，或有此緣必有此因。這個抉擇非常重要，因為去除對相依、相對的執著，即由此抉擇而來，所以，這必須由相礙緣起來作抉擇，一切法都須適應其應該適應的相礙而成立，所以不能說適應何法為因、適應何法為緣，亦不能說，適應此法必須適應彼法。如此才能稱為「任運圓成」，否則便不成「任運」。

當了知相礙緣起時，即能去除對「依持共相應」的執著，這樣就成決定：「非如其實、非不如實」；「無有執著、斷於執著、遠離執著」。由是知對一切法無所攝受，亦非不攝受，即是涅槃。

經中還有很重要的一句：「了一切法各不相應，如實隨入諸法本性」。「一切法各不相應」即是對相依、相對的否定；「如實隨入諸法本性」即是如實知一切諸法自性，即是本性，此如一切螢光屏影像，必為螢光屏性。必須離相依、相對，才能捨離識境的名言句義，必須決定一切諸法本性自性，亦即，一切諸法的自性都是本性，才能入無分別。所以這句經文，即是究竟決定，行人現證即現證此決定見。

【正文】：無邊莊嚴，此是諸菩薩演説陀羅尼差別善巧，如內外法，於一切法應當了知。如是説時，彼諸菩薩捨離內句，亦不取外，及能觀察無有始終，乘生死輪墮在世間，入無明室處無明，周遍流轉，彼雖如是生死輪轉，於中亦無生死可得，亦無真實生死之輪，雖復隨順生死輪轉，墮在世間，於中可得。然諸眾生不能了知此諸法故，於生死中

遊行馳走，周遍馳走，又不能了虛妄顛倒，於非眾生起眾生想。若眾生想所繫縛者，彼於諸法不能了知，隨入破壞、極破壞法，為虛空執之所執著。

【疏】：行者證入究竟見，則能由無分別而無生死，這樣才是離能所、離二取、離名言的證量。在這裡，釋迦強調「不能了虛妄顛倒」的行人，因不能了知便墮入「虛空執」的執著，此等行人「隨入破壞、極破壞法」。

關於「虛空執」，有人以爲是執著於虛無，其實除執著於虛無外，凡對一切法執空見而不知本性自性，都是虛空執。因爲不認爲緣起所成立的一切諸法爲有，而視之爲「無自性空」，那便對識境中的一切諸法生破壞見。若能對「無自性空」起正解，知道一切諸法本性自性，是故說爲空性，如是智識雙運的如來藏便不落空邊，非空非非空（非空非不空），因此才能由雙運而離識境縛，卻不破壞識境中一切諸法。

【正文】：**佛告無邊莊嚴：若諸菩薩，於此法中能解了者，速疾獲得智慧光明，隨證法門。辯才清淨，修習忍辱，而能精勤起大慈悲，志無懈倦，善能安住秘密言詞，演說方便，亦能了知一切諸法異名差別。最勝語言隨所憶念，往昔住處能善讚說，無少相違，令諸眾生住無諍論，能壞一切外道諸論。為破眾生諸黑闇故，宣說法時，而為十方無**

量世界諸佛如來之所稱歎，放法光明，作不思議法之施主，善能開示諸佛法藏，無有迷惑，及能攝取殊勝大願，如其所願皆令滿足，得不思議方便善巧，令諸眾生意樂開發，及能示現前後際因，亦能示現去來方便。無邊莊嚴，是中菩薩於能發起三摩地門，應勤修習。既修習已，而能證入陀羅尼門。於陀羅尼門得自在已，於諸秘密廣大異名而能演說，及能入於異名之智，能隨順入甚深理趣，善能了知言說示現，令無少處而生疑惑，不由他教住於忍地。

【疏】： 此說證入陀羅尼門的功德，此中強調當於陀羅尼門得自在時，則對一切法異門皆能證入，經中說言「能入於異名之智」，是則對佛所演的種種法異門能生法忍。

凡是說如來藏的經論，都重視「辯才無礙」。所謂「辯才無礙」，即是能依所化的根器說種種法異門，然而卻不離佛的密意，由是即可作種種言說，自在無礙。這與落於法異門而執著的人不同，他們說一宗見，只能跟隨言說來說，不知密意，依言說時甚至否定密意，所以雖然說得天花亂墜，無非只是宗見、只是法異門，所說出來的只是相似法。相似法流播，是釋迦最擔心的事。

「辯才無礙」還有一重密意。言說是識境，佛的密意是智境，能將佛的密意用異門說出，即是言說與密意雙運，亦即識境與智境雙運，有此雙運，故佛便對「辯才無礙」十分重視。佛說的經，即是「辯才無礙」的範例，所以讀經的人，必須了知言說背後的密意，否則便辜負了佛的「辯才無礙」。

【正文】：無邊莊嚴，若諸菩薩，能善發起勇猛精進，為欲哀愍諸眾生故，求諸法智證入通達，無有餘乘而不成就，得佛大智，超過一切世間之智，究竟清淨，一切智智未足為難。無邊莊嚴，於此演說陀羅尼門甚深方便法品之中，所有諸法，為欲攝取諸菩薩故，開示發起。我今當說令諸菩薩普遍開悟，善能攝取秘密言教。凡有所作，皆能了知一切語言音聲之義，復能證入差別覺慧善巧之智。

【疏】：由此段經文起，開示如何「善能攝取秘密言教」。此即「凡有所作，皆能了知一切語言意聲之義，復能證入差別覺慧善巧之智。」此即陀羅尼門教法。由了知言說的密意，次第證入「覺慧善巧之智」，由於是次第，所以有「差別覺慧」。

【正文】：何者是彼所有之法，無邊莊嚴，是諸菩薩具淨尸羅，安住實諦，加持之力則能增長布施方便；求無我所，無攝受法修習方便，證一切法真實理趣，得不退法及善安住不退轉地，速疾具足無礙辯才智慧，增廣猶如大海。

無邊莊嚴，當於後時，無有餘人頗能恭敬受持此

法，唯除菩薩希求甚深如實法者；為欲開示如來法藏，希求樂欲增上心者；調善意樂正思維者。彼等於此甚深法中，精勤修學，入此理趣，則能了知異名演說，亦能了知一切諸法自性本性。

【疏】：此處重申，若欲「能了知異名演說，亦能了知一切諸法自性本性」，即須修學釋迦開示的「如來法藏」。此「如來法藏」，即是總持、即是總修瑜伽、即是無量總義法門，是故能攝一切法異門，如空、真如、實際等。

【正文】：**無邊莊嚴，假使如來以種種名演說諸法，然於諸法本性自性亦不相違。如來開示諸法本性不相違法，說一切法無所造作，凡所演說，無有所說及能說者。無邊莊嚴，如來已得演說善巧勝波羅蜜，如來亦無少法可得，亦無隨得、亦不遍得。如來不為少法安住故，不捨離故，不為生故，而能說法。亦不為得少分法故，亦非不得故。如來行無所得，如來不行亦非不行，亦不應說諸佛如來行如實行。何以故，無有少法說名如來，此是如來住如是住，行如是行。若彼如來，以名字故名如來者，如來與名非異非不異。非異非不異故，不應說言如來若來若去。如來非戲論者，超過戲論，亦無超過，如來無有超過，超過亦無如來。如是如來與如來性，非即非離，不虛妄性，不變異性，亦復如是。**

如是稱揚如來體性，無有少法開示演說，亦無示

現。如來證得一切諸法如實本性，然一切法所有本性不可宣說，一切諸法無所有故。如是如來說一切法，無有所作，亦無變異，不生不滅，不出不離，一切諸法究竟清淨故，非得非遍得。於一切法無有所得，無所得故無有可證，如是無有少法可得。若法可得，於諸法中應有受者，既無受者，是故當知一切諸法由不生故無有得者。

【疏】： 此處說如來密意，雖「以種種名演說諸法」，實無少法可得，即「如來」此名，亦非可由來去而說，是故凡有所說，皆不應依言取義，必須如是，始能證入「一切諸法究竟清淨」。此處所言，即是「無所得」之理，證無所得，始能證覺。

此處說如來體性，「超過戲論，亦無超過」等，即是智識雙運，「超過戲論」是智境，「亦無超過」則是識境，如是雙運。所以「一切法所有本性不可宣說」，若可宣說，便墮入識境言說，是即非智境與識境雙運。

【正文】： **如來名號亦由聖教假名施設，如是言說性清淨故，聖者於中不得少法。然於聖者，亦無有法及與非法。亦無有法名為聖者及非聖者。無有少法與彼相應或當相應。於此如來所有演說，皆應了知，亦復不應隨俗而轉，如來能說法及非法，亦不建立有法非法；如來能說善不善法，亦不建立有善不善；如來能說一切諸法，亦不建立有一切**

法；如來能說法無表示，亦不建立有無表示。無邊莊嚴，如來所說此甚深法，無淨業者不能了知，若有樂求無上菩提，於生死中求解脫者，應當覺了諸佛如來所演說法。無邊莊嚴，若諸菩薩於此法中能解了者，應無猶豫，不取不捨，亦不見有少法生滅，無有戲論，非無戲論，則能演說此真實法。於此演說真實法中，亦不執著。

【疏】： 由如來名號亦爲假名施設，說無所得義。說時用辨證來說，例如「如來能說法及非法，亦不建立有法非法」等等，即是。

【正文】： **無邊莊嚴，譬如須彌山王，與諸福德善根眾生所用宮殿作依止處，眾生於彼而受歡樂，如是如是，作善根者諸菩薩等，於此法寶積集教中而能聽受。由此法寶，菩薩能得一切智智。無邊莊嚴，此契經法，能隨順入無上法智。為欲開示如來法藏陀羅尼故，如是流布此陀羅尼，能攝一切所有廣大真實之法。諸佛如來所說之法，皆悉從此無邊陀羅尼門之所，流出此陀羅尼，為欲清淨一切法門，是故如來開示演說此陀羅尼，能攝一切契經等法，不成不壞，無初中後。此陀羅尼如來護念，遍於十方諸佛世界，能作無量無邊佛事。**

【疏】： 此處強調由陀羅尼門可攝一切教法，同時能攝入智識雙運境界，所以「由此法寶，菩薩能得一切智智」。一切智智即是佛智，所以說爲「無上法智」。此陀羅尼門即可稱為「如來法藏陀羅尼」。

【正文】： **無邊莊嚴，於此最初陀羅尼品、說義品、理趣品中，而能攝受一切諸法。無邊莊嚴，彼中諸菩薩等，欲隨覺了此教法者、欲流注法令不斷者、欲入諸法無住印者、欲隨覺了無有障礙秘密門者、欲隨發起趣向加行大精進者、欲隨覺了諸法性相說此法者，應當受持諸佛如來所演言教。既受持已，隨應了知一切所有秘密言詞。欲隨趣入總相演說文字智者、欲隨覺了演說諸法差別理趣者、欲隨憶念一切諸法簡擇智者，為欲利益安樂一切諸眾生故，施設勝義，善隨機根，授與眾生令得利益。**

【疏】： 此段說初陀羅尼品，為說義品、為理趣品，此即相當於密乘的基續。

所說義理，為「諸佛如來所演言教」，但卻「應了知一切所有秘密言詞」。若知密意，則得一切教法；若依言取義，則失密意。

此初陀羅尼品，須了知佛一切密意，然後趣入總相（如來藏的智識雙運相），然後「演說諸法差別理趣」，此即演說種種差別法異門，如唯識、中觀，二者即是有差別的法異門。唯識說諸法於識境中如何成為有，中觀說諸法於識境中如何自性空，此即差別。

【正文】：若稱揚法、若流傳法、若演說法，以資糧心哀愍利益，求佛之智，不於少法而生執著。由不執著無有所取，亦不觀察無二法智，亦不示現內智外智，不於少法而生厭足，亦不應以下劣精進希求上智，勤修一切甚深之法。所有難問隨義而說，應住自利及以利他，應善觀察自他之想，入一切法皆悉無我，我清淨已，隨入一切諸法清淨，愛樂開示，演說言教。若問不問，乃至少法不生慳恪，菩薩應作如是四無量心。我為利益諸眾生故，隨與勝施最上之施，所謂無上法寶之藏，我今當令一切眾生與不可說法寶相應。假令眾生作諸重惡，終不於彼生慳法心，離諸慳惜，能為捨施，為法施主。我今當作如來之事，一切智事，令諸眾生捨離重擔，於大瀑流，當以法船運度群品，能令眾生得於一切安樂資具。菩薩當以如是悲心發生覺慧，速疾證於殊勝之法。於此契經陀羅尼門，演說諸法差別總持，當得成就捨離生死，不為他論之所攝受，能破一切外道諸論，降伏魔軍。為欲滅壞諍論法故，應如是住。

【疏】：強調此陀羅尼門，可利益一切眾生，即因此陀羅尼爲「一切智事」，可令一切眾生不捨離世間而捨離重擔，是即不捨識境，得入智識雙運境界而作捨離。

經文中有一句很重要：「亦不應以下劣精進希求上智，勤修一切甚深之法。」所以若落於事相來觀修，便非正行。如今許多依密乘法作觀修的學人，著重事相，唯修事相，那便辜負了祖師傳下來的觀修儀軌。

復次，經言：「入一切法皆悉無我，我清淨已，隨入一切諸法清淨。」這一句經文，可以糾正許多學人的看法，他們誤解唯識，以爲先見外境無有，然後由推理來決定外識無有，若如是時，那便是先入一切諸法清淨，然後才入一切法悉皆無我。亦即先無我所，然後無我，這說法實與佛的密意相違。

【正文】：無邊莊嚴，此陀羅尼門一切如來之所攝受，善作憶念。譬如後身菩薩，住於三十三天、夜摩天、兜率陀天、樂變化天、他化自在天中兜率陀宮，一切諸天承事供養，一切眾生咸生愛樂，成熟善根攝諸勝福。餘有一生，施戒福蘊具足清淨，成就一切殊勝智蘊，於此三千大千世界，一切眾生所不能及，而能映蔽一切有情所有善根，亦為一切諸有情等恭敬讚歎，現前獲得一切智智。

若彼菩薩，從兜率宮下閻浮時，即於中國無怖畏地最勝妙處，在大城內一切眾生眾會之中，降生出現，為諸眾生瞻仰禮拜供養恭敬。此陀羅尼契經之門，亦復如是。入於一切諸法之中，而得安住。一切諸法皆從此生，亦從此滅。菩薩於此得安住已，成熟增長，於一切法而得安住，一切法中而得自在為其主故。

菩薩最後受身生於人中，以無觀視一切法印三摩地力，普遍觀察一切有情，及遍觀察一切三千大千世界，由得法陀羅尼醍醐之味，以廣大心，善住廣大智慧境界，終不貪愛一切欲樂玩好資具，亦不希求一切染法，端嚴相續，由住彼空三摩地覺，能善觀察一切諸法，隨得無相方便善巧，而於一切無所執著，能善了知一切三界有為之法，無非過患，安可貪著，應求出離，速得寂靜極寂靜界，及勝解脫勝出離界，然於彼識不住不著，觀察生滅，積集散壞。於諸有情起大慈悲，為成熟故，生出離覺，以覺理趣，隨宜方便，能隨順入最勝智慧，隨念一切有情，善巧方便而得自在，隨得諸法無有障礙陀羅尼善巧理趣。

以善巧智，簡擇觀察一切有情，及善觀察不思議法決定理趣，雖復少年，端嚴美麗，於諸欲境曾不愛樂，捨離所有一切資財、珍玩、眾具、親戚、眷屬，思維觀察，以厭離心希求寂靜。從家出已，趣於非家，既出家已，而能成就不思議覺甚深方便，隨所作業，積集資糧，趣向無上菩提道場，隨願莊嚴，獲得無上陀羅尼印，甚深方便最勝尊頂。由是清淨陀羅尼門善巧理趣，遍持善巧。彼既得於一切智智陀羅尼門，隨得決定一切智智。善清淨已，安住無上一切智智。加持之力，能轉無上清淨法輪，亦能隨得一切法智巧妙言詞諸法。譬如盛日光明照耀，如是法聲光明遍示一切天人之類。

無邊莊嚴，菩薩住於一切智智陀羅尼已，得阿耨多羅三藐三菩提。彼陀羅尼門句義差別，諸餘菩薩所不能知。若一生補處菩薩坐於道場，以清淨覺，無師自悟，此陀羅尼而得現前。亦猶菩薩為菩提故，無量劫中積集善根，於其長夜久修梵行，得深法忍，哀愍一切諸眾生故，大慈悲心方得現前。

無邊莊嚴，菩薩由是陀羅尼故，坐於道場，當證阿耨多羅三藐三菩提。我今於汝不可示說，汝得菩薩智慧現前，能證彼法。當於爾時，諸菩薩等自應解了。爾時菩薩得無邊門、無量門、因門、無譬喻門，悉皆現前，而得門者不可宣說，超過世間，不共一切天人魔梵及諸沙門婆羅門等，逮得最上清淨之法，一切智智及自然智，菩薩由是能入清淨自然之智，能轉無上清淨法輪，漸次為於無量眾生，攝取無上一切智智。於諸法門及涅槃門，得清淨故，開示演說無量種種善巧理趣，而能發生持蘊善巧，亦能示現持蘊清淨善巧之智，界、處、緣起亦復如是。

【疏】： 如來藏法門強調菩薩與佛須乘願再來世間，為眾生利益。所以此處大段經文，即說菩薩降生以至成佛。此中說佛及菩薩先示現於諸天，受諸天供養，然後降生世間，示現成佛。能示現而不退轉，即因其於陀羅尼門得善巧故，能證「一切智智及自然智」，得蘊、處、界清淨善巧之智。

菩薩由此陀羅尼，即能依善巧方便，當於「菩薩智慧現前」時，現證阿耨多羅三藐三菩提。爾時，即得「無邊門、無量門、因門、無譬喻門」一切法門，由是得決定而證自然智。佛一切智智即是自然智，既是自然，即非由作意成立，亦非各別不同，是故一切如來的內自證智境，皆同爲自然智，由是無個體可以成立。凡夫則不同，各別識覺皆有差別，由此差別，成立五蘊，復由五蘊即可成立個體。這些識覺並非自然，由人根據名言與句義而成立，所據的名言句義不同，識覺便不同。例如「仁者樂山、智者樂水」，這即是因爲仁者與智者各持不同的名言與句義，所以覺受便有差別，此即有作意，故非自然。

復次，由菩薩入胎至成佛的次第，每次第皆有要點，由此即顯示諸佛密意，今試羅列如下。

初，菩薩入胎前，住於三十三天等兜率陀宮，受天人供養，已獲得一切智智。

其後，菩薩入胎示現於人間，即如此陀羅尼門，由密意說爲言說，此言說即安住於人間。這個譬喻，即謂陀羅尼法門與佛無異，皆以隱密相示現於人世。世人不見密意，唯見言說，猶如世人不見佛相，唯見嬰兒相，此言說相與嬰兒相即是隱密相，由是陀羅尼門與菩薩皆須成熟增長。所以，菩薩由入胎至成佛的過程，即有如陀羅尼法門，由顯示言說至人能得其密意的過程。由是即知，菩薩示現成佛相，即法門密意成熟相。此段經文以此比喻，即說密意顯露於人間，須要一個艱苦的過程，可知此密意之珍重。我們能認識密意，即如當時的世人能認識釋迦成佛。

此說菩薩受生成佛，以三摩地力遍觀察一切有情及三千大千世界。此三摩地名爲「無觀視一切法印三摩地」，所謂「無觀視」，即不持世間的名言與句義而觀視。由此即住「空三摩地」得「無相方便善巧」。此「空三摩地」實由知一切法本性自性而見空性，因爲經言，菩薩是「以廣大心，善住廣大智慧境界」而得住「空三摩地」，所以「空三摩地」的「空」，一定不是說無自性空這麼簡單，說無自性空不能稱爲廣大智慧境界，因爲只是識境中的推理。這裡其實已說到出離陀羅尼門，得無相方便善巧已成出離，因爲「無相方便善巧」便是由離名言與句義而成無相。

這裡，其實亦說到相礙緣起。經言：「能隨順入最勝智慧，隨念一切有情，善巧方便而得自在，隨得諸法無有障礙陀羅尼善巧理趣。」一切諸法能成爲有（存在或顯現），實在是於相礙緣起中任運圓成，能適應一切相礙才成爲有。能觀察到這現象，便是「隨順入最勝智慧」而知一切有情的「善巧方便而得自在」，能任運圓成即是善巧方便而得自在。是故，菩薩即由此觀察，而得「諸法無有障礙陀羅尼善巧理趣」。

其後，菩薩由無上陀羅尼門觀修，得清淨陀羅尼門果，即「得一切法自然之智，及無障礙一切智智」，如是即爲成佛。

如上經文，亦即說三陀羅尼門的總義，亦可以是一個成佛的過程。

【正文】：**又令眾生發生趣入聖諦法門，亦能示現聖諦清淨善巧之智，又能發生三十七品菩提分法差別善巧，亦能示現菩提分法清淨之智，而能發起持奢摩他毘鉢舍那善巧之智，亦能示現持奢摩他毘鉢舍那清淨善巧，又能發起持三摩地三摩鉢底善巧之智，亦能示現禪三摩地、三摩鉢底清淨善巧，又能發起持無迷惑功不唐捐善巧之智，亦能示現持無迷惑功不唐捐清淨智慧，又能發起持厭離盡無生之智，亦能示現持厭離盡無生清淨善巧之智，又能發起持明解脱善巧之智，亦能示現持明解脱清淨善巧，而能演說大涅槃門，亦能住持一切句義捨離，清淨善巧方便。於有為、無為、有漏、無漏、世出世法，以無量名表示宣說。法門清淨故，為諸眾生開示無上決定之法，及持清淨微妙智因。**

【疏】：何以佛及菩薩於世間示現時，能得世間善巧，即因其能得出世間善巧，此即於一切法門善巧。一切法門者，例如，四聖諦、三十七菩提分、觀修止觀、入等持等至、離迷惑、盡厭離、證持明等。如是種種，即由凡夫而至成佛的見、修、行、果，經言，皆可由此三陀羅尼門而得，故三陀羅尼門，即凡夫能依止以成佛的法門。

此處說「示現持明解脫清淨善巧」，即是密乘的意趣，唯密乘始建立四持明位：異熟持明（rnam smin rig 'dzin）、壽自在持明（tshe dbang rig 'dzin）、大印持明（phyag chen rig 'dzin）、任運持明（lhun grub rig 'dzin），由此知本經雖爲釋迦所說，但已演密乘法。

【正文】：無邊莊嚴，如來說此大陀羅尼遍持方便，為一切智陀羅尼善巧之力，得安住故，隨諸眾生一切本願，示如是行，令入隨覺理趣差別，善能開示陀羅尼威力無上法藏，而能流注降灑法雨，潤洽一切枯槁有情，施以妙法咸令滿足。汝等應當隨如來學，於此甚深決定之法，不應違逆，汝等於此一切智智大陀羅尼，不久當得遍持自在，住陀羅尼。為諸眾生，當作如是無量義利，如我今者。

汝等當以無量異名開示演說此陀羅尼，決定諸法甚深智慧。無邊莊嚴，此中應當希求勝解，不應捨離菩提資糧。云何應當希求勝解，謂諸菩薩，應當解了一切諸法，不生不滅，不動不住，不來不去，自性空寂。於彼空性亦不執著，何況於相起執著想。彼空性中無有相想，若彼空中無有相者，能入如來說有為空、無我我所、一切我人眾生壽者。如是空性，非染著非不染著、非污非不污、非迷惑非不迷惑、非愛非不愛，不住於空，亦不遍住，亦不建立。若空厭離，彼即寂滅，無有分別，無遍分別、無勝分別、無普分別、無有

功用，乃至無有少法可取，自性清淨，彼即諸法本性自性，一切有為本性皆空，乃至一切善不善法，有為無為，世出世間亦復如是。菩薩攝受如是勝解，得入解脫解脫智見，及能攝受普淨無垢解脫之處菩提資糧。

【疏】： 本段經文說此大陀羅尼法門，即是成佛的善巧方便，有情應依此法門而成就，並應向一切有情宣說此法門。如何宣說？佛並不是說要直接宣說這三陀羅尼門，而是，依據這三陀羅尼門的密意，善巧方便由種種法異門而說。這便解釋了，何以有初轉、二轉法輪的法，這些都是善巧方便的法異門。此說爲「以無量異名開示演說此陀羅尼，決定諸法甚深智慧」，這即是說，由此陀羅尼法門，可開展爲一切法異門，且能決定一切法異門的甚深智慧，所以此陀羅尼門即是無量總義。亦即，既入無量總義，即使隨緣演一切法異門，亦能由一法異門決定甚深智、究竟智、根本智、自然智。由此可知，無論對那一種法異門，都須知諸佛密意，不能執著於語言文字，更不能斷章取義，否則便只是法異門的言說。

經文末段說離種種分別，實由正見空性而來，並再作提點，正見空性即知一切法本性自性，可見三陀羅尼門，實以現證本性自性空爲密意。

【正文】： **云何名為菩提資糧？謂戒清淨、智慧清淨、三昧清淨、解脫清淨、解脫智見清淨、施波羅蜜清**

淨、戒波羅蜜清淨、忍波羅蜜清淨、精進波羅蜜清淨、禪波羅蜜清淨、慧波羅蜜清淨，若彼清淨即普清淨，若普清淨即無垢法門。性淨之心，光明照耀無有煩惱，彼心常住本性空寂，亦無照耀，客隨煩惱三種染污，彼皆不實，空無所有。如是心性，不與煩惱清淨相應。何以故，是心無二，亦無二分，本性清淨。若能如是了知心性，非煩惱染之所染污，非內非外，不在中間，皆不可得，唯除妄想因緣和合。雖有心生亦不可見，十方推求了不可得。亦無有心能見於心，如是攀緣，非心和合，心亦不與攀緣和合；亦非因緣與心相應，心亦不與因緣相應。

【疏】：此處說資糧道，示種種資糧。於中強調「清淨」，即使六波羅蜜多亦須清淨，此即須由離名言句義而得清淨，即使六波羅蜜多的名言亦不可執著，這才成爲無垢法門，常住本性空寂。留意經中更說，此清淨心性，「不與煩惱清淨相應」，此亦即說，並非將煩惱清淨即得此清淨心性，得清淨心性，與將煩惱清淨無關。爲甚麼？因爲心無二分，本性清淨，所以此清淨即非因將煩惱清淨而來。由此便可以解釋，於觀修時，須無作意、無捨離，若作意於將煩惱清淨、將煩惱捨離，那便等如將心分成二分，清除了煩惱分，然後得清淨分，若如是建立，即非佛密意。

說「是心無二，亦無二分」，亦即說心法性與心性雙運，既然雙運，即不能說爲二分，所以，黑白線搓索即非雙運，只是二分。

《大乘起信論》未說至究竟，即是因爲將「心真如門」與「心生滅門」分成二分，說爲「一心二門」，未成雙運。必須認識雙運，才能認識心性，所以當資糧道圓成時，行者已悟入智識雙運境界。能明此義，始能知資糧道之所爲：「如是攀緣，非心和合，心亦不與攀緣和合；亦非因緣與心相應，心亦不與因緣相應」。這便是須要離一切名言句義，才能了悟諸佛密意。

【正文】：唯由心故，彼一切法與心相應。凡所有法與心相應，非互相知，亦不可見，何況諸法非心相應。以第一義思維觀察，無有少物可相應者及不相應。何以故，無有少法與少法相應及不相應。一切諸法自性寂靜，自性亦不與少物相應及不相應。

【疏】：　此處簡別唯識、唯心。是故「唯識無境」、「一切唯心造」皆非究竟。說所有法與心相應，其實「非互相知，亦不可見」，是即所謂相應，其實並非相應。這樣說，即否定心性可以成爲一切法自性，因爲一切法若能與心相應，且互相知而成可見，則可以說一切法自性即是心性。

由此簡別，心與物的關係，只能說是「唯心所自見」。「唯心自見」即不須相應，見是主觀的功能，並不由見而成立外境，外境則是客觀的存在，主觀與客觀不相應，只能說，主觀所成立的物象並非外境的實相，是故二者不須相應。如是建立，即爲下來說「本性自性」鋪路。

【正文】：**一切諸法所有自性，即是本性。若是本性，彼無自性。汝今當知，若以言說得一切法本性自性，無有是處。於諸法中無有少法名為諸法本性自性，一切諸法本性皆空，一切諸法自性無性，若空無性，彼則一相，所謂無相。以無相故，彼得清淨。若空無性，彼即不可以相表示。如空無性不可以相表示，乃至一切諸法亦復如是。是空無性非染非淨，然是一切諸法本性。若是一切諸法本性，非由染淨之所建立，無住無起。**

【疏】：此處說「空」，以釋迦二轉法輪說空法異門故。

通途說「無自性空」、「空無自性」，此處則說「一切諸法所有自性，即是本性。若是本性，彼無自性」。於智識雙運境界中，識境的自性，即是本性。何謂本性？螢光屏上的影像，當以螢光屏性爲本性；鏡影，當以鏡性爲本性；水中月，當以水性爲本性，因此，識境中一切諸法的自性，當以智境性（法性）爲本性。所以一切諸法無自性，即因以本性爲自性之故，本性既爲法性，則其自性亦當爲法性。若施設法性爲空，則一切諸法可說爲空性，或說爲無自性。由此可知，佛並非由緣起來說空性，緣起所成的一切法，說爲「緣生」，既是緣生，在識境中即當成爲有，不能說識境中生起一種事物，這種事物卻爲無有。至於「性空」，則依緣生法的自性爲本性而說。這樣來理解二轉法輪的「緣生性空」，才能知佛的密意。

此處尙須略說相礙緣起，緣生以相礙緣起爲究竟，識境於智境上任運圓成，是即緣生，而且決定是緣生而成爲有，但若探究其自性，則必須歸於本性，既依智境生起，其本性當然即是智境的性（如上來說，鏡影必以鏡性爲本性等），所以說本性自性並非否定緣起，反而，說因爲緣生，所以性空，那就是對緣生的否定。須如是了知，始能知施設空性的密意。

【正文】：**無邊莊嚴，汝今當觀一切諸法，無住無起，無所建立，本性清淨。云何眾生於中迷惑，此由世間乘虛妄輪，為虛妄輪之所迷惑。所言乘者，亦無有乘，亦非無乘。而此世間乘虛空輪，為虛空輪之所繫縛，然虛空輪亦無所有。此諸眾生，為大愚癡之所迷惑，而於其中無有愚癡，亦無迷惑。**

無邊莊嚴，汝觀眾生以愚癡故，於此法中不能了知，住於諍論。無邊莊嚴，住諍論者即為非住。然諸世間以迷惑故，不能了知彼即清淨。若不住者即名為住，是則不住清淨善根。

【疏】：眾生迷惑，即爲名言句義所縛，是名爲「世間乘虛妄輪」。對於空及空性，入虛妄輪者甚眾，是即「為虛空輪之所繫縛」。

【正文】：**無邊莊嚴，如是如來秘密法門難解難入，唯除汝等能於長夜修行善法而得了知。無邊莊嚴，如來嘗說住諍論者則為非住。云何為住，所謂不善。然不善者是無所有，若有於此無所有中，不能了知住與不住，無有別異，是則名為住於諍論。若復有住清淨善根，則不名住，若不住者無有過失。無過失故，則能了知。如是法門若不清淨，無有是處，若諸眾生無有智慧，為大煩惱之所覆蔽，無智慧故。假使少有明了順說，尚不能解，何況秘密非隨順說，若不住者是則清淨。云何不住，謂不住善法及出離界。何以故，無出離界及界施設，於涅槃界若不住者，名得涅槃。此涅槃名但假施設，如是涅槃無有所得，亦復無有得涅槃者。若有得者，則應滅後更有如來；若無得者，則應滅後無有如來。若滅度後，言有如來及無如來，俱不可說。此不可說，亦是如來假施設句。**

【疏】：重言「如來秘密法門難解難入」，實在因爲智識雙運的如來藏境界，並不容易通達，一旦執於佛的言說，落於宗義，便容易持言說、宗義來否定如來秘密法門的究竟見。所以這裡說，「住諍論者則為非住」、「住清淨善根，則不名住」，可以說，釋迦牟尼早已預見後世易起諍論。「非住」即是錯誤地住，諍論即由種種錯見而來，所以非住不同於不住。

不住則是清淨，無出離界，無涅槃界；無得出離，無得涅槃。何以故？於智識雙運境界中，無所謂出離，以識境恆時不離智境，既恆時不離，若離識境，即同時應離智境，此不應理。亦無所謂涅槃，涅槃爲無所得，此「無所得」實依識境而施設，若真無所得，則無智可證，是則不能成立如來法身。

在這裡，分別住、非住、不住，即是入如來秘密法門的甚深見，只有不住出離界與涅槃界的善根，才能入這甚深秘密法門。所以許多說如來藏的經論，都強調這個法門會受一些人不信，甚至誹謗，此即世人多落於宗見，持名言句義，且執著佛的言說。時至今日，更成斷章取義來執著，於是如來的密意即不可得，所得的只是相似法。

【正文】：有諸衆生，於甚深法不勤修行而生疑惑，若有說言如來有色，滅度之後應有如來；若有說言如來無色，滅度之後應無如來。乃至滅後非有如來、非無如來，亦復如是。若法不生不滅，彼法滅後，不應說有說無。如是如來不生不滅，彼亦滅後，不應說有說無，乃至邊無邊等，如來說彼俱不可說。若說有邊，則無有中；若說有中，則無有邊。所言中者，非有非無，若復於中實有實無，是則便與緣起相違。若復有法非從緣起，及非緣起，彼法不滅，若有若無俱不相違。所有一

切從緣起法，及緣起法此無中邊，非有非無。若非有無，云何可說。無邊莊嚴，如來以大方便安住彼中，為諸眾生破無明，開示演說不違緣起，一切諸法皆入緣起。若入緣起，是則無有中邊之說。若離言說，乃至無有少法可得。

【疏】：此處說種種邊見。凡對如來秘密法門不信解，甚至誹謗的人，都實在是因爲落於邊見。今時中觀宗末流，誤解緣起與空，便說如來藏爲外道見；唯識宗末流，根本不管彌勒、無著、世親的說法，甚至不管近代唯識學者，如歐陽竟無、呂澂等人的說法，對如來藏妄加誹謗，即由於學中觀、唯識而落於邊見。

此處所說邊見，即說如來有色、無色；如來滅後爲有、爲無等，隨文可知。

說破除偏見，復強調識境的成立，須依緣起。但卻須知，緣起法無中邊，非有非無，此即立足於智識雙運的見地。如唯落識境，則必須說緣生爲有；如唯落智境，則必須說緣起法無有，是即二邊，非中道見。

【正文】：**無邊莊嚴，汝今當觀無所有法，無有邊法說名中道。以於方便說有覺慧能持諸法，然持法者亦不可得。不可得故，無有言說。無邊莊嚴，汝等智者應如是知，一切諸法真實之相，不來不去、無分無斷、不一性不異性，到一切法第一彼岸，無**

有少法不到彼岸。到彼岸者即是涅槃。一切諸法悉涅槃相，是故當知不可宣說，唯除世俗說為中道。如是中道，彼即趣向大涅槃路，亦無涅槃是彼所趣，若有涅槃是彼所趣，而於諸法應有去來。一切諸法性皆平等，是故涅槃名無所趣。無邊莊嚴，此名中道，然此中道即非中道。何以故，無增無減故，無邊無取故。法若無邊云何有邊，謂無處所是無邊法。凡夫眾生，於無處所執為邊處，見邊處故不得解脫，以於真實無處所故。

【疏】：此處說中道。

一切諸法實相，都離相對，所以不來不去、不常不斷、不一不異，以來去、常斷、一異皆是相對法故。離相對，則無輪迴與涅槃，識境與智境的分別，既無分別，便可以說，「無有少法不到彼岸」。所以，離相對緣起，才是「趣向大涅槃路」，是即中道。然此中道亦是假施設名言，不可由邊而說中，於實相中，無中無邊。所以經言：「此名中道，然此中道即非中道」。

讀者對此須深加體會，才能理解智識雙運的境界、如來藏境界、如來秘密法門境界、方便善巧一切諸法陀羅尼門境界。

此中亦有次第。初，須知一切諸法真實之相，亦即離識境相依、相對之相；復次，既離相對，即無輪迴與涅槃的分別，由是決定無有少法，不到涅槃。更次，由於必須依世俗相觀修，因此，便須依世俗施設中道，此中道即爲究竟決定。最後，由觀修中道，得無所住，若無所住，則一切邊見盡，亦無中可立，無邊無中始爲中道。下來說中道，即此無邊無中的中道。

【正文】：**無邊莊嚴，汝觀如來以善方便決定覺慧，乃能演說如是中道。無邊莊嚴，諸佛如來於一切法無有疑惑、無忘失念，諸佛世尊心常在定，得三摩地無礙自在，常善觀察，安住最勝三摩呬多而說語言，無量知見不住非處，說清淨法、說究竟法、說寂靜法。如來所說無有遺餘。**

【疏】：經言，「如來安住最勝三摩呬多而說語言」，三摩呬多（samāhita）即是等引，能於定中等引平等、引起平等方便，由是而說中道。依智識雙運，佛內自證智境與一切識境平等，更由平等方便即可言說中道。因此，中道者，實即智識雙運境界，此境界亦不可思議，不落言說，若依法異門，則如呂澂所言，可說爲空、無相、無願、如、實際、法性、法身、涅槃、離自性、不生不滅本來寂靜自性涅槃。是即爲，說清淨法、說究竟法等，非言說清淨、究竟，以密意爲清淨、究竟。

【正文】：**無邊莊嚴，如有寶珠名種種色，在大海中，雖有無量眾多駛流入於大海，以珠火力令水銷滅，而**

不盈溢，如是如來應正等覺證菩提已，由智火力能令眾生煩惱銷滅，亦復如是。

無邊莊嚴，若復有人於日日中，稱說如來名號功德，是諸眾生能離黑闇，漸次當得燒諸煩惱。如是稱念南無佛者，語業不空。如是語業名執大炬，能燒煩惱。若復有人，得聞如來及佛名號，離諸黑闇，與彼眾生為涅槃因。

無邊莊嚴，我為信於如來，眾生及諸眾生煩惱滅故，降澍法雨。無邊莊嚴，如來所說是法真實。以真實故，無有少法開示演說，而於是法無實無虛。無邊莊嚴，如來是實語者，住真實法，能演說此陀羅尼門。無邊莊嚴，此真實法誰當能了，唯除菩薩如實見者、具足見者、作善業者，於甚深法餘無能了。

無邊莊嚴，於此義中應當隨順。自於此法繫念現前，不信樂餘，從他生智。為欲利益安樂眾生，於此法中應生隨順，若於此中生隨順忍，是則不住不隨順中。無邊莊嚴，無聞眾生無隨順忍，於此法教不能了知，或復有餘異見所行，乘異路者、趣惡道者、不作善者、親近諸餘行異行者，彼等不能入此法門。

無邊莊嚴，汝今當觀，若有說此無障礙藏法光明時，所有一切無聞眾生，未善調伏凡夫心故，無有威儀，由此遠離如是法教。若有眾生能修習身，於此法中，假使無有能隨順忍，尚不遠離，何況有能生無漏忍，無有執著，於此眾會能轉無

障無礙法輪。何以故，此等皆住無障礙地。

無邊莊嚴，我為成就善根眾生，及為如來加持眾生，於無礙法見清淨故，亦欲利益哀愍一切故，演說此陀羅尼門。無邊莊嚴，若有於此法門能悟入者，應知彼已住菩薩地，能速疾證無生法忍，不久當得授菩提記。

【疏】： 此大段經文，先強調如來能滅眾生煩惱，所以稱頌如來名號功不唐捐，是故須信如來是實語者，於陀羅尼門法義應當隨順，不信樂餘法（即法異門的言說），更不由餘法生智（從他生智），此亦即須由如來密意生智，由無量總法生智，不應據言說、別法生智。

由佛一再囑咐，可知本經的鄭重。

【正文】：**無邊莊嚴，汝等於此甚深法門，應生勝解。無邊莊嚴，汝今當知如是法門無執著者，無得忍者，以之為地。若有供養往昔諸佛，能於長夜勤心修習，善身威儀，善護語業，善調伏心，平等智慧隨憶念者，心無所住，於此法中善受持者，不顧身命，彼人則能流傳此經。當於後時，若有眾生於此法中為聽聞故，勤修習者尚難可得，何況有能書寫、受持、讀誦、通利、開示、流布，為他廣説，是人不久獲得清淨陀羅尼門，速疾逮得清淨智慧，當能入於一切智智。**

【疏】： 此段爲囑咐，囑咐護持此甚深法門。

【正文】：無邊莊嚴，汝觀如來，為諸菩薩得一切智智故，開示演說如是法藏，然於其中無有少法而不演說，如是所說，無說而說，能生清淨，及能開示清淨法門。一切諸法等虛空相。云何為等，以一切法與虛空等，而是虛空，非等不等，一切諸法亦復如是。如空無邊諸法亦爾，一切諸法邊不可得，不可得故，無有邊際；無邊際故，說為無邊。若能於中如是住者，是即名為住如來法。住如來法則無所說，若無所說，於一切法以假名相，隨應了知。不應於中而起執著，若不執著即不墮邊，若不墮邊則不墮中，若墮於邊則墮於中，是故應當離於中邊。若離中邊即離一切，若離一切則無所說，由此獲得清淨智慧。於一切法無所取著，無有所取及能取者。何以故，諸法無我，我無所得故，我性自性無所有故，如是如是。

【疏】：重申如何不落邊見，如空無邊，「無邊際故，說為無邊」，所以一切言說皆爲邊際，由是須離言說而知佛密意，故說佛無所說，如是則無所取著而入中道。

世人依名言句義，說「空無邊」，解爲無限大的虛空，那所說的便只是空間，因此，佛於此處點出，無邊際始說爲無邊，是即離一切邊見，始能說爲「空無邊」。這一點非常重要，若執錯見，唯修空性，其實已經落邊，必須修「現空」、

「樂空」，如是雙運，始能悟入智識雙運境界、不二法門境界、如來藏境界、無上陀羅尼清淨境界。

【正文】：**無邊莊嚴，如佛所説諸行無常，如是演説無變異義、不相應義；如佛所説諸有苦義，如是演説涅槃義、厭離義；如佛所説涅槃寂靜，如是演説一切有為皆捨離義。或無常故、或諸苦故、或無我故、或涅槃故，如是等門，此是如來之所演説。此亦開示一切諸法本性自性，無邊莊嚴，如來以種種名，以種種門種種語言，演説諸法，如來亦不異於諸法本性施設。非一性、非異性，一切諸法非一非異，不可見故，速疾證入虛空自性，趣一切法無所有相。**

【疏】：此處佛舉例何爲言說，此即無常、苦、湼槃、厭離、無我等句。由是即明，除說本性自性外，其餘等句皆爲法異門。

【正文】：**無邊莊嚴，此陀羅尼門，為諸菩薩本性清淨自性調伏，是故發起。言調伏者，為欲調伏貪瞋癡故、調無明故，及令趣入如是平等。以貪瞋癡能調伏者，亦不可得，若不可得即是調伏。無邊莊嚴，或貪瞋癡，如理推求亦不可得，以貪瞋癡空無所有，虛空不實，誑惑愚夫無所安住，彼亦如是。無有住處亦不可得，是貪瞋癡，從於彼生即**

於彼滅，本性空寂應如是知。云何應知，如其不生，彼則不實，亦不顛倒。

【疏】：何謂調伏，無所取著即是調伏，所以說「若不可得即是調伏」，此即「調伏」之甚深義。是故此陀羅尼門，爲方便善巧調伏眾生的法門。

復須留意，「無有住處亦不可得」，是即行者不應起「無所取著」，「無有住處」想，有此想時，即有所得。觀修陀羅尼法門的難點即在於此，行者每每不自覺即落於邊見。所以本段經文的密意是，一切言說皆不可執，唯依密意而成觀修。行者於作勝觀時，即須對觀修境作種種觀察。譬如，自以爲已無所緣而緣，故無所取著、無有住處，但一生無所緣而緣之念，其實已作意於無所取著、無有住處，如是即落邊際。由此可知觀修時的難點。一般的訓練方法，是修心氣無二。

【正文】：**是貪瞋癡皆以無明黑闇為首，從彼所生。由彼所生，一切皆悉虛妄不實，是貪瞋癡本性清淨。如是見者，能生清淨不思議門，及能獲得陀羅尼門。若有能於如是法中思維觀察，是名獲得陀羅尼業及智慧業、是名平等了知之智、是名清淨菩提資糧、是名精進不放逸地、是名調伏憍放逸地、是名不壞戒見威儀、是名清淨身語意業、是名隨順無我智相、是名能斷能滅離相、是名出生無量無邊善巧方便。**

【疏】： 既無所得，即知所得諸法皆虛妄不實，是故一切法實本性清淨，此即觀修陀羅尼門的究竟決定，「是名平等了知之智」等，如經所言。

【正文】： **無邊莊嚴，汝今當觀，於此信解出離法中，開示演説一切諸法本性自相，及能開示此諸法門，説一切法等虛空性，能説法者亦不可説，所為説者亦不可得。**

無邊莊嚴，我今説此諸菩薩等悟入句門，若諸菩薩於此學已，能得甚深如海智慧，一切他論無能摧伏，隨得一切智所趣行，善説法要不由他教，得不思議平等智慧，由智慧故無有所著。能演説此無名無相一切法門，能得隣近諸佛如來，一切智智及自然智所有名號，逮得一切名相清淨，隨證速疾普遍音聲、得悦意聲、得殊妙聲、得清淨聲，為諸眾生信受語言，親近諮問，以決定慧能善巧答。所謂時語、如理語、利益語、柔軟語、義決定語。以一義説，能令眾生了知多義。

【疏】： 於此說此陀羅尼門爲「出離法」，即於說見地後引出觀修，所觀修者即爲「出離陀羅門」。於正說觀修前再總結無上陀羅尼門見，此即「由智慧故無有所著」，依此甚深見，即能通達如來一切言說，「能得隣近諸佛如來，一切智智及自然智所有名號」，此爲觀修出離陀羅尼門的基礎。

【正文】：無邊莊嚴，汝今當觀諸菩薩等，於此修行而能覺了諸佛菩提，能得如是無量功德，斷諸愛恚憂惱愚癡，能辨所作，得差別智，於一切處已善修學，獲具足忍不退失法，意樂清淨住於大願，於諸眾生善言問訊。

無邊莊嚴，若諸菩薩於此法中，已不勤修，今不勤修，當不勤修，於諸如來殊勝功德，無有少分。無邊莊嚴，若有菩薩於此法中，能勤修習志求一切，如其所願、如其所行、如所發趣、如所意樂、當滿足者，少極少難，得極難得，若有於此甚深法中能住、能忍，觀察簡擇者，當得證於無盡神通大神通智，超過一切世間智自然智無邊智無量智。

無邊莊嚴，此出離法陀羅尼門，若有於此勤修學者，當得近於菩提道場，為諸眾生，安住發起大慈大悲，作諸佛事。

【疏】：此說勤修陀羅尼門的功德。

出離陀羅尼品第二

出離陀羅尼品第二

【疏】： 此說道續。

當如理通達基續見地後，如法修行趣入其義，由觀修之瑜伽力，捨離識境中一切迷亂，此迷亂為客塵，故能捨離，於捨離後即能現證本性，由是得現證一切諸法無自性，以此現證，即能離一切法之名言句義，不執名言有為實有，且能知本性自性空之義，入無分別，現證諸法平等，是即所謂出離。

道續為基續與果續之中界，道續向上，即與果續相連；道續向下，即與基續相連，由是有相續義，故稱為續。

道續觀修為生起光明，光明有四種，與無上瑜伽密所說四大光明相應：1 解悟光明、2 大種光明、3 上師光明、4 明點光明。下來所說即與此有關，此即密意。

【正文】： **爾時，無邊莊嚴菩薩摩訶薩白佛言：世尊，云何名為出離諸法陀羅尼門。**

佛言：無邊莊嚴，此是出離一切文字印法，一切諸法悉入其中。云何名入，以平等故。一切諸法皆入平等，亦不見法入於平等，不可了知不可得

故。於一切法自性如實不分別時，一切諸法悉入其中，離於無作及有作故。由諸文字及以語業演說諸法，如是二種不如實故，性平等故，所有文字及以語業皆悉平等。於諸法中所有言說皆非如實，此是諸法如實句義，所有文字及以語業此二皆無，以無有故，無有真實開示演說。所言文字及以語業無真實者，即是諸法無差別句、無增勝句、無建立句，此甚深法不可宣說。一切諸法皆非真實非不真實，何以故，諸法本性，非以文字語業宣說可見可得，一切諸法皆無本性，如是諸法，非作非不作、非等非不等、非寂靜非不寂靜。

【疏】：此段說解悟光明之抉擇及決定。所謂解悟，即現證心性，此處所說，先說現證心性之抉擇，如言：「以平等故，一切諸法皆入平等，亦不見法入於平等，不可了知不可得故」。至於決定，則爲「諸法本性，非以文字語業宣說可見可得，一切諸法皆無本性」。此即由抉擇諸法平等，從而決定一切諸法皆無本性。所謂無本性，以其本性即法智性故，法智性（諸佛內自證智性）不可於識境中用言說建立，是故說之爲無，由是說一切諸法無本性。由無本性，可以決定「非作非不作、非等非不等、非寂靜非不寂靜」。是即於此中有兩重決定。

【正文】：**然於諸法，亦住寂靜及不寂靜。所言住者亦無所**

住，亦不變異，亦復不住不變異法。何以故，法無住故不入算數，非由算數建立言教，而能令法入於算數。一切文字語業演説皆不可得，不住於處及一切處。如是文字及以語業，無所從來，去無所至，不住中邊。一切文字及於語業，業非業故、非功用故、以於一切文字語業自性空故，文字語業亦復皆空。亦以文字語業他性空故，他性亦空，乃至自他性空故，自他性亦空。自他空故彼則寂靜，若寂靜者彼則寂滅，若寂滅者，彼一切法即寂滅門。由彼彼門得説法名，若説文字、若説語業，彼一切門亦不可得，門清淨故，無所有故。由彼彼門演説諸法，而於此門究竟清淨，能平等入於一切法，如是厭離。云何厭離，謂貪本性，貪本性者彼則清淨，若清淨者彼則究竟，若究竟者云何有貪、云何有説。

【疏】：　此處說大種光明的決定與抉擇。大種光明所得，爲意識融入清淨光明，是故須離思心所，當離思時，意識即能離識境之二取及名言，從而融入清淨光明。

此說「法無住故不入算數」，即離思心所。計度一切法，即是算數，思心所不起，即無計度。說「法無住」，即由抉擇自性他性空而成決定。當成決定後，於觀修時即能現證厭離。是即出離陀羅尼門之義。

【正文】：　**無邊莊嚴，如是略說無有分別、無有戲論、法門**

清淨陀羅尼門。入是門故，能破無明黑闇重障，能隨憶念明法種性，於一切法，得入光明清淨法眼陀羅尼門，及能證得文字差別、演說法門。

由是門故，便得入於一切智智，及得近於諸佛如來，於諸法中得為勇健，能破外道降伏魔軍，令諸眾生增長善根，入於如來秘密之法，隨得法門陀羅尼門。由是法門，於十力中獲大法光，速疾成就如來之力。

【疏】：此段與上師光明相應，所證皆爲見分清淨，但所說與上師光明之觀修不同。

見分清淨即是「破無明黑闇重障，能隨憶念明法種性，於一切法，得入光明清淨法眼陀羅尼門」。強調「清淨法眼」，即是說見分。

此處說見分清淨光明，即是依如來十力作抉擇與決定。如來即是上師，故與上師光明相應。

下來即說如來十力。

【正文】：**無邊莊嚴，諸佛如來，以十力為力為無上力，超過一切世間之力，能於眾中作獅子吼。何等名為如來十力，無邊莊嚴，如來於此，以無上上一切智智，於處非處，以處非處如實了知，此是如來第一之力。由此力故，處大仙位，為諸眾生演說正法，及能為轉無上法輪。唯除如來，天人世間先無有能如法轉者。**

【疏】： 十力第一爲處非處力，即如來於因緣業報如實了知，作善業得善報，即爲「是處」；若作善業得惡報，即爲「非處」。能知是處與非處，即是超過一切世間而見，是即見分清淨。

【正文】： **復次，如來以無分別一切智智，如實了知過去未來現在諸業，業攝取因，善與不善無量行相，無著無礙，此是如來第二之力。**

【疏】： 十力第二爲業異熟力，謂如來對一切眾生過去、現在、未來，三世業緣果報生處，悉皆遍知，此亦爲見分清淨。

【正文】： **復次，如來以無分別一切智智，無著無礙，能善了知一切有情無量諸行，此是如來第三之力。**

【疏】： 十力第三爲根上下智力，知眾生上下根，是故遍知其所行，此由超越世間名言句義而知，故見分清淨。

【正文】： **復次，如來以無上上一切智智，如實了知種種勝解、無量勝解、各各勝解，所有分別及妄分別，此是如來第四之力。**

【疏】： 十力第四爲種種勝解力，對眾生欲樂、善惡能生勝解，此見分因超越世界而成清淨。

【正文】：復次，如來能如實知無量界、種種界；無量緣、種種緣，世間住處，此是如來第五之力。

【疏】：十力第五爲種種界力，遍知一切世間種種界，故須見分清淨，然後才始能遍知，若不清淨，則爲一世間之名言所縛。

【正文】：復次，如來能如實知，若因、若緣，知見趣道，此是如來第六之力。

【疏】：十力第六爲遍趣行力，爲如來於一切有情世間所趣的有漏行所至處，及涅槃無漏行所至處，皆如實遍知，是亦見分清淨。

【正文】：復次，如來以於天眼無礙智見，及以無上一切智智，如實了知諸有情等生死之智，此是如來第七之力。

【疏】：十力第七爲死生智力，知眾生死生之時及當生之善惡趣，此亦超越世間之清淨現分。

【正文】：復次，如來能如實知靜慮、解脫、等持、等至，離染清淨能出入智，此是如來第八之力。

【疏】：十力第八爲禪定自在力（或說爲「靜慮解脫等持等至力」），於禪定中自在無礙，由是見分清淨。

【正文】：**復次，如來宿住憶念，作證明智，如實了知，此是如來第九之力。**

【疏】：十力第九爲宿住憶念力，了知過去世種種事，知種種宿命，此亦見分超越世間而成清淨。

【正文】：**復次，如來漏盡智，證明智，如實了知，此是如來第十之力。**

【疏】：十力第十爲漏盡智力，由證明智永斷一切習氣，此明智力，即是見分清淨。

【正文】：**無邊莊嚴，如是無量無上一切智力，以是智力悉成就故，為諸菩薩及諸眾生，於諸佛智得攝受故，於諸法智證清淨故，開示演此無邊法藏。**

佛復告無邊莊嚴菩薩摩訶薩言：善男子，汝今當觀如來所說，如是甚深、如是難了。一切智智力清淨故，所有諸法，說名如來及如來力。然於彼法亦不可見，亦不可說。無邊莊嚴，所言力者，此是如來不可摧伏無上法門，於彼安住，開示演說此法理趣，由斯理趣建立力故，能演說此一切諸法無建立性，以之為力，如是諸力無生起性、無有自性、離於自性。如是如來十力圓滿，而能開示無量無邊甚深之義。

【疏】：見分清淨即得「無量無上一切智力」，然則見分清淨從何而來？即由「一切諸法無建立性」，是即離世間之建立，故說爲出離陀羅尼。

【正文】：**無邊莊嚴，此是諸佛無上法門，住斯門已，便能演說如來十力，及能說此力清淨門普清淨門。無邊莊嚴，我當復為諸菩薩等，能於法門得清淨故，說陀羅尼，汝應聽受。陀羅尼曰——**

怛姪（地也反）**他鉢囉**（二合）**牟折寧1　儞牟折寧2　牟折寧3　毘鉢囉**（二合）**悶折儞4　阿折黎5　阿毘耶**（二合、引）**咤儞6　鉢囉**（二合）**婆怒揭帝7　帝誓8　摩訶帝誓9　阿鉢囉**（二合）**底耶**（二合）**末囉尼10　阿那**（引）**鞢囉尼11　阿**（引）**鞢囉拏毘戍達儞12　儞馱那鉢囉**（二合）**吠設儞13　突囉阿儞乞屣鉢儞14　鞢虞15　鞢虞薩嚩黎16　薩嚩囉尾戍憚儞17　母達囉**（二合）**18　母達囉**（二合）**尾戍憚儞19　薩鉢唎縛嚟20　三漫多鉢嚟嚩嚟21　阿揭囉**（引、二合）**弩麼底22　遏他**（二合）**娑憚儞23　僧羯囉**（二合）**尼麼掣憚儞24　戍嚟25　戍囉寐唎曳**（二合）**26　阿**（引）**褐囉**（二合）**尼27　烏波那末底28　儞那嚟**（二合）**設儞29　三曼多波嚟普里也**（二合）**揭帝30　馱羅**（引）**弩揭帝31　阿儞迷設儞32　阿傘儞迷設儞33　陀**（引）**囉尼揭帝34　儞馱那鉢唎戍憚儞35　阿弩達囉毘婆臬儞36　跋致囇**（二合）**37　跋達囉**（二合）**筏帝38　莫异39　莫企筏底40　珊馱**（引）**囉尼41　烏筏馱**（引）**唎尼42　阿難多鉢囉**（二合）**皤吠43　鉢囉**（二合）

步（引）**多鉢唎嚩嚟44　設儞45　鉢唎**（二合）**些設儞46　摩訶嚩迦**（引）**世47　阿迦**（引）**捨娑牟薩囉尼48　弭底彌囉迦囉尼49　薩婆若鉢他**（上）**毘輸達儞50　涅槃那鉢他**（上）**珊那唎設儞51　莎訶52**

tad yathā / pramocani / nimocani / mocani / bipramocani / acale / abyārthani / prabha anugate / teje mahāteje / aprati avaraṇi / anāvaraṇi / aparaṇabiśodhani / nidhānaprabeśani / dhura anikṣepani / balku balku svare / svarabiśodhani / mutra mutrabiśodhani / saparibāre / samantaparibāre / agra anusmṛti / arthasādhani / saṃgramacchadani / śūre śūre / birya āharaṇi / upanamati / nidarśani / samantaparipulyai / gate tāra anugate / anibiśani / asanni biśani / dhāraṇi gate / nidhāna pariśodhani / anudharabibāsani / bhadre bhadrabati / mukhamukhabati / sandharaṇi / upadharaṇi / anantaprabhe / prabhutaparibāre / śvasani / pariśvasani / mahābāgeśa / ākaśasamosāraṇi / bidhimiṅkaraṇi / sarvaṃjñāpratibiśodhani / nirvaṇa pathasandhariśani svāhā //

【疏】：　咒文大義亦說觀修光明。

【正文】：**無邊莊嚴，此是陀羅尼印法教、法門，一切諸法悉入其中。若諸菩薩，於此法中如說修行，具勝辯才差別智慧，能善了知最勝出離陀羅尼句。云**

何名為勝出離句，陀羅尼曰 ——

娑（上）**揭囉阿**（上）**鉢演多**1　**蘇迷**（上）**嚧囉怛那婆揭囉珊儞折耶**2　**阿毘怛儞**3　**阿三毘怛儞**4　**阿卑鞞嚟**5　**拔折囉**（二合）**珊儞**6　**涅陛設儞**7　**阿乞芻**（二合）**毘儞**8　**阿僧乞芻**（二合）**毘儞**9　**阿乞沙**（二合）**耶**10　**阿避夜巳**（二合）11　**乞沙**（二合）**耶阿鉢演帝**12　**阿乞師**（二合、去）**那乞沙演多薩娙里**（二合）**世**（平）13　**阿鉢唎乞沙**（二合）**曳**14　**阿毘乞疏**（二合）**避儞**15　**阿毘揭嚟**16　**阿毘揭羅若那揭囉尼**17　**莎訶**18

sāgara / aparyanta / sumeruratna / sāgarasannicāya / abhedani / asaṃbhedani / apibare / bajrāsani / nirbhiṣani / akṣobhyani / asaṃkṣobhyani / akṣaya / avyayikṣaya / aparyante / akṣiṇa / kṣayānta / santiśe / aparikṣaye / abhikṣobhyani / abhigale / abhigala / jñānaharaṇi svāhā //

【疏】：　最勝出離陀羅尼句，即說明點光明。由明點光明現證一即是多、多即是一。

【正文】：**無邊莊嚴，此勝出離陀羅尼句，若有菩薩，於此法中精勤修習，則能增長智慧如海，能以大慈慰喻眾生，言我授汝廣大法藥，破滅汝等無明黑闇，拔除汝等無始無終生死煩惱憂苦毒箭，亦令汝等愛縛當解，超度一切生死瀑流，作大法光，使諸眾生善根生長，能得究竟永拔濟故。如是善人為善導首，能令入於一切智智，亦復不令有一**

眾生從此無上大智退失，能以大慈普遍一切，令諸眾生於未聽受與義相應寂滅厭離無生智門得無礙辯。

【疏】： 所謂「超度一切生死瀑流，作大法光」，即是持明點光明。此即現證明點空性光明，又名「明空雙運」。

【正文】： **無邊莊嚴，若諸菩薩欲說法時，云何於此陀羅尼句，繫念現前令法不斷，謂諸菩薩處獅子座，以無礙辯，思維如來無量功德。由於方便廣大智慧，令善巧地極清淨故。若諸眾生，於聽法所來雲集時，當於彼所發生大悲，於諸眾生起大慈心，以廣大智決定理趣，如實開示令不增減，知諸眾生意樂差別，以善分明決定語業及文字句，廣為宣說，由是說故，能令自身善根增長，以清淨法攝受眾生。如來能以無量譬喻，開示演說如是法聚陀羅尼門。汝等若能如是宣說無上正法，是則住於佛所作事，速疾圓滿四無所畏。**

【疏】： 此說觀修出離陀羅尼（道續）的功德，與無上陀羅尼門（基續）相續，下來所說，即與清淨陀羅尼門（果續）相續。

【正文】： **無邊莊嚴，如是菩薩以大方便清淨智慧，善能修習起神通業，所有諸法即能攝取廣大智聚。此中何者起神通業？無邊莊嚴，若諸菩薩住神足中，**

以如虛空無所依想，善能分析大種積聚，如來成就無礙智見無邊智見，以智見力，於一切法得善巧智，能善決定，無有少法而可了知，住無所得，住無等等，亦不與俱住阿蘭若。住無執著，住清淨智，無有少法不知不見，遠離黑闇無有障礙，善住無量無邊智見。

是故如來平等見，覺一切諸法如幻如夢，及能開示無名法想。是故我等應隨佛學，如來智慧無有障礙，能善了知一切眾生上中下根，令諸菩薩安住平等起神通業，由是成就神足現前。由是神足加持之力，於戒定慧及以解脫智見，淨施法智善能安住，由此能得真實加持，攝受無量差別神變，於梵、世間而得自在，處獅子座擊大法鼓，令諸眾會皆悉歡喜，及為眾生作大利益。

【疏】：上來兩段經文皆說觀修出離陀羅尼門所得果，與如來十力相應。行者得如來十力，由陀羅尼門之善巧方便而致，並非證入如來法身。圓證如來法身，須證法、報、化三身無分別；身、智、界三無分別。

【正文】：**無邊莊嚴，譬如大鐵輪圍山王，以諸眾生業增上力，於此世界圍遶而住，不令眾生嗅地獄香、聞地獄聲、見於地獄，如是菩薩於此法中，善修學已，為諸眾生，除滅一切有障礙法，授與一切無障礙法。如是菩薩，以金剛智攝受善巧，於此法教悟入甚深，住無所得甘露灌灑。云何名得甘露**

灌灑，謂煩惱魔、蘊魔、天魔所不能損，縱於死時雖有死魔，亦得自在不起死想。何以故，由彼正士，住於空性無相無願，於一切法無所分別，不生不滅、不墮不起、不來不去不住、不染不淨，亦不怯弱，無有障礙，無有所得，捨離憍慢，其心謙下，內離迷惑，善了於外，見聞覺知所不能攝，了知諸法皆悉平等，如實入於如來法中。以不虛妄，無有變異，安住真如，此即名為諸菩薩等所入般若波羅蜜門。

【疏】： 此處仍說如來十力之功德，隨文易知。

說「此即名為諸菩薩等所入般若波羅蜜門」，明三陀羅尼門與般若波羅蜜多門不一不異，般若法門爲陀羅尼門的法異門，然而所證得果則相同。

深般若波羅蜜多即是不二法門，亦即陀羅尼法門，今時則說爲大圓滿法門，所證皆爲如來藏境界。

【正文】： **於此住已，則能成就無邊智慧，由是慧力，能使入於不思議智及諸如來秘密言說，於一切法能善了知，隨覺無間等菩提故，隨覺無間不可思議，等於菩提不可思議。隨覺無間無所分別，等於菩提無所分別。了知無間及菩提法，無所得故，彼亦不作，無間差別，不作菩提平等之想，無間菩提不作不壞、不集不散，於此義中能作業者，於此所說寂靜法門而不執著，亦不分別諸業果報，**

能善了知業果平等。以平等故不得業果，亦不分別、亦不執著。何以故，彼於煩惱及以業障，獲得輕安，遠離結因，於諸法門能得照耀，於此陀羅尼品能得光明。彼住如是清淨門故，能於十方世界遊化，具清淨行無所住著，不為世法之所染污。於諸世間天人之中，堪為福田親近供養。

【疏】： 此處重申清淨光明，所以說「於此陀羅尼品能得光明」，及「具清淨行無所住著」。

【正文】： 無邊莊嚴，我說供養住第八地諸善男子功德無量，何況菩薩於如是法而修行者。若於菩提及以眾生，眾生之法乃至世間之法無有所得，亦不分別及諸戲論，彼人則能了知此法，如說修行，能消世間廣大供養，應以如來供養而供養之。

無邊莊嚴，若諸菩薩修學此法，於諸供養，一切所有皆悉具足。離諸怖畏乃至能捨一切身命，彼於諸法無所攝受，而能攝受廣大之法，處無畏座，作獅子吼，降伏外道及外道法，摧滅波旬及魔軍眾，能除眾生一切覆障，當以法船渡諸眾生。當示眾生一切智道，當能安住一切眾生於隨順道。當能令彼一切眾生隨順聖諦不相違逆，當為眾生開示一切菩提分法，當以法施慰喻眾生，當令眾生能得法喜。

無邊莊嚴，若有於此陀羅尼門能忍信受，則與得受菩提記人等無有異。彼既聞法，當於己身而自

授記，如來法王施設此法，開此法藏，而能安立此陀羅尼印，及能建立此諸法門，攝受我等，是我等父哀愍我者。無邊莊嚴，若有菩薩，以勝意樂能於我所起於父想，彼人當得入如來數如我無異。無邊莊嚴，於此陀羅尼門法品之中，此是第二出離陀羅尼印，演說法藏。

【疏】：　此處強調觀修出離陀羅尼門的功德，爲八地菩薩以上始能具足，明此陀羅尼門爲甚深秘密。所以能圓成陀羅尼門，即能受廣大供養、摧毀魔軍、除一切覆障、以法船渡諸眾生、成就一切智道。如是，即如得佛授記。由是知此陀羅尼門之珍重。

清淨陀羅尼品第三

清淨陀羅尼品第三之一

【疏】： 此〈清淨陀羅尼品〉與果續相應。所謂果，所求證悟的義理爲無上究竟，於觀修時，由道力清除客塵垢染，於是求證的義理現前，此際可說爲解脫，是即名之爲果。所以本品所說，與無上瑜伽密續的四大解脫相應。

【正文】： **爾時，世尊觀察四方，作如是類種種神通。以神通力，令此眾會諸菩薩等見於十方無量諸佛，及聞諸佛所說之法。爾時，佛告無邊莊嚴：汝觀如來，於一切法無有所作，無數、離數及寂靜數，能作如是自在神通。如來之力無畏如是。無邊莊嚴，如來之性，不一不異非不一異，無所有故。非有非無，無有自性，非無自性，應如是知如來之性，乃至無有少法可得。如是見者，亦復無有少法可見，若不可見，則無所有，亦無所取。無邊莊嚴，如來之性無少真實，少不真實。若少真實少不真實，是則應言有如來性、無如來性。如來之性離有離無，亦不曾離。無邊莊嚴，一切諸法自性本性，猶如虛空。如是法門，諸佛如來未出世時所未曾說。**

【疏】： 現證陀羅尼果，即得如來力、無畏，於前已說十力，於此處說四無畏。得十力固然是果，但解脫果則由四無畏表出，故於果續即說無畏。

如來的四無畏是如來性，此處於說四無畏前，先明如來性「無少真實，少不真實」，是即不落於有無兩邊，因爲如來性已盡離識境，是故更不應用識境的名言句義來定義，如說爲有無。但若究竟，則應依智識雙運而說，此時即說爲「如來之性離有離無，亦不曾離」。於如來智境，離有離無，但若依智境上自顯現的識境，則可說爲不曾離有無。所以顯現爲四無畏的如來性，即應依究竟而了知，因爲四無畏亦爲如來智境上落於識境的自顯現。

【正文】：**無邊莊嚴，若諸菩薩於此法中如是解者，則能發生無量辯才，於諸法中能為照耀，於佛無畏而作光明。無邊莊嚴，言無畏者，謂得如來最上無畏，能於少法不攝受故、不增長故、不可得故、不遍得故、不隨得故。**

如來出世，若不出世，法不增減、不遍增減。諸法自性本性常住，法界住性、法界定性。無邊莊嚴，一切諸法住法定性，如是無有不可得故，一切諸法皆妄分別，不以業報而得成就，是故能入一切諸法無業報門。如是諸法無自性故，不如實故，諸業於果非生滅因，於滅趣道，亦復非因。如來但以世俗施設，說一切法有因非因，因自在故、無有因故。此是如來無畏之地，如來具足無量辯才故，能得入大無畏地。

【疏】： 依本經體例，將識境說爲「言說」，將成立識境的如來法身功德說爲「無量辯才」，所以這裡說「無量辯才」便即是說如來法身功德；說無量辯才「於佛無畏而作光明」，即是說於如來性作光明。

經言「如來具足無量辯才故，能得入大無畏地」，這是說如來具足功德，是故可隨緣自顯現一切界種種識境。此如來功德不可說之爲生因，但亦不是非因，所以無上密續便施設名言爲「含藏因」，即以如來法身智境含藏一切識境，識境藉如來法身功德始成顯現，是故即以此爲含藏因。

須明此義，始能說四無所畏（catvāri vaiśāradyāni）。

【正文】： **無邊莊嚴，云何無畏？謂諸如來四無所畏。此四無畏，緣覺尚無，何況聲聞及餘世間。何等為四——**

【疏】： 下來說四無畏，此四無畏與四大解脫相通。

【正文】： **一者唱言：我是如來應正等覺，一切知者，一切見者。或有一切天人世間，立論於我，言我不能覺了諸法，無有是處。由此能得最上無畏，於眾會中正獅子吼，我能演說無上甚深廣大法教。**

【疏】： 1．正等覺無畏。如來對一切諸法，皆平等現證覺知，得一切正見，無可折伏，由是即能依此最上無畏，作獅子吼，「演說無上甚深廣大法教」，如演說本經、演說不二法門、演說如來藏。

如來內自證智爲法爾智、自然智，故爲本初具足，因此與本初解脫對應。

【正文】：**二者唱言：我是一切諸漏盡者。或有一切天人世間，立論於我，諸漏不盡，無有是處。由此能得住於安樂，我開示此無量俱胝劫所積集無上法藏。**

【疏】：2・漏永盡無畏。爲斷盡一切煩惱障、所知障，是故永無怖畏。

佛於斷盡二障時，盡離對治。復以「諸漏不盡」，即「立論於我」，是即不能現證無我，若諸漏盡時，無所對治，則「我」亦盡，所以與自我解脫對應。

【正文】：**三者：我所宣說出離覺了，於彼修習正苦滅盡。或天世間立論於我，若苦盡道不出離者，無有是處。我不見此相，我不見此相時，得安樂住，為諸眾生，示現此法種性，於眾會中作獅子吼。**

【疏】：3・出苦道無畏。即宣說出離之道而無所畏。

出離之道即離一切邊見，現證一切諸法本性自性爲無性，盡離識境的名言句義，如實而見一切諸法。

出苦道爲刹那現證，故此無畏與刹那解脫對應。

【正文】：**四者：我所宣說諸障礙法，於此或有天人、魔、梵、沙門、婆羅門眾，立論於我，於彼習行無障礙者，無有是處，我不見此相時，得增上安樂住。我於眾中正獅子吼，我能轉此無上法輪，一切外道諸天世間所不能轉。**

【疏】：4·障法無畏。由現證如來性，能盡除一切障，由是無功用現見光明，現證唯一。

障法無畏爲離邊解脫，見一切諸法清淨，是故與圓滿解脫對應。

【正文】：**無邊莊嚴，此是如來四無所畏，此中菩薩勤修學時，速疾獲得無畏之地，於人天中最為殊勝。無邊莊嚴，若諸菩薩，由善修習虛空相故，則能發生不可思議遍清淨門。由是門故，於一切法最初了知，見一切法等虛空相，無二無別。一切諸法亦復如是，然於虛空亦不分別，亦不戲論，得義善巧。無少法界所從將來，亦不將去，亦不積集。乃能觀察一切諸法，無有積集，不來不去。於一切法行無所行，燃大法炬，為諸眾生作法照耀。**

無邊莊嚴，汝觀此法，能為菩薩幾許利益，幾許事業。謂佛十力四無所畏，亦復無有少法可得，

亦非不得。

【疏】： 經言「由是門故，於一切法最初了知」，應理解爲於一切法本初了知。此即成佛並非新得，所證之智亦非新得，亦非依宗義而證，只是由此陀羅尼門，現證一切諸法本性自性，以本性爲如來智境故；說一切諸法無自性，以自性爲識境之名言句義故。若由離名言句義知一切諸法本性自性，如是即證入本初，現證自然智，此亦爲本初自解脫之義。

【正文】：**無邊莊嚴，一切諸法等虛空相，為得義利，開示演説業所依事及彼業因，於中亦無義利可得。無邊莊嚴，此甚深法一切世間之所難信，一切世間皆是滅壞虛妄建立，由是於此法毘奈耶不能信受，亦非世間能知。世間皆悉非法，以執著故，言有世間及安住處。假使乃至法想執著，亦無有法而可執著。由於非法起執著故，則與如來及所説法共興諍論。又不能了一切諸法自性本性，復與無生法等相違，是故於此甚深法教，不能解了。**

【疏】： 執著世間，於是「言有世間及安住處」，由此即成煩惱障；若執著法與非法，即經言「假使乃至法想執著」，「由於非法起執著故」，由此即成所知障，依甚深陀羅尼門，除此二障，即成漏盡，此即漏永盡無畏，亦即自我解脫之義，以諸漏恆依自我故。

【正文】：**無邊莊嚴，我為一切天人所信，如實語者、無諍論者。如來世尊息諍論故，捨離蘊故，開示演說如是法教。於中無蘊亦無蘊盡。無邊莊嚴，一切有者，所謂一切善不善法，於中都無善不善法，善不善法皆悉寂靜，善不善法各不相知，善不善法不相映蔽，以善不善執著因緣，是故如來說一切法皆悉無記，以彼真實善不善法不可得故，若不可得則無有記。何以故，於中無因，無因可見。無邊莊嚴，汝今當觀一切諸法皆悉無記。**

【疏】：說「於中無蘊亦無蘊盡」，都無善不善法等，即離一切邊，此即出苦道無畏，亦即剎那解脫之義，以離一切邊，現證無邊，離一切界之識境，即剎那解脫故。

【正文】：**若諸菩薩如是覺已，於一切法無記，言說亦不可得，如是法門，為諸菩薩於不善法如實見故，得捨圓滿，於法不住，以無記門證入諸法。是無記門，彼則非門。若非門者則不可得，若不可得彼則清淨，此是諸菩薩所入陀羅尼清淨法門。由是門故，得一切法光明照耀，於諸法中，無有愚闇迷惑猶豫，及能獲得無礙法智慧眼清淨。**

【疏】：「以無記門證入諸法」，即是證入大平等性，無善不善分別，即是無記，無記是故平等，始為無上陀羅尼清淨法門。得「無礙法智慧眼清淨」，是即障法無畏，亦即圓滿解脫之義，以一切法皆不住爲圓滿，此爲捨圓滿（由得平等捨而成圓滿）。

【正文】：**無邊莊嚴，於此法中應生願樂。云何願樂，謂於諸法無所取故，無有執著，究竟離捨，超過攝藏，無希求故。於善不善一切有為及世間法，不觀待故。此是無上不放逸地、離攀緣地，於諸法中無有所住，不來不去無所建立，此則說名：慧眼清淨究竟遠離，無所取故，善能觀察，捨離一切自性本性。此名慧眼，言慧眼者，所謂盡滅厭離智性。如是智性，無生無作本性寂靜，亦復不與寂靜相應，斷相應故。亦復非斷亦非無斷，無缺無減，此則名為：清淨慧眼無戲論道。由是慧眼得成就故，以大慈悲攝諸眾生，令其發心，住緣眾生無盡妙行，及能覺了一切諸法，無有我人眾生壽者。彼若證得大菩提時，決定當能開示演說無上法藏，及能清淨陀羅尼門，為諸眾生種性教法不斷盡故，應置法印。**

【疏】：入陀羅尼門得「慧眼」，所謂慧眼，即是「捨離一切自性本性」，亦即捨離一切名言句義來作觀察。於識境捨離一切自性，於智境捨離本性，如是即不落識境邊，亦不落智境邊，亦即盡離世間一切建立，故離虛妄、離戲論、盡離一切世俗執著，是名出離世間，於一切諸法無所得，是故證大菩提。

【正文】：佛復告無邊莊嚴菩薩摩訶薩言：此陀羅尼清淨法門，一切諸佛常所護念攝受開演。住於十方三世諸佛，亦皆宣說如是法門，為諸菩薩，開示三世平等法性，由是能於三世諸法如實悟入此之法門。成就菩薩清淨三世總持慧故，彼諸菩薩無有世想，於善不善了知無二，而能生長種種善根，身語意業悉皆清淨，能遍清淨無量法門。為得清淨總持慧故，亦能開演無起作性清淨法教，復能開示一切諸法畢竟空寂，猶如虛空。又能示現廣大慧光，而為開示清淨智故；亦能開示一切諸法及與菩提如虛空性，而為示現一切智智道清淨故；又能開示清淨道法，即是菩提隨其所願得圓滿故；能正了知演出實諦方便善巧，而能宣說無分別諦故；能善開示諸佛智慧，隨順覺了一切義故。

無邊莊嚴，若諸菩薩於此法中善修學者，能速清淨菩提資糧，得住菩提無有遠近，不與少法共相違背，亦不於此所說諸法而見遠近，不以法及非法隨見菩提，通達菩提，絕諸顯示。能以平等無顯示義，了知菩提。及觀諸法寂靜義時，不分別菩提。亦不見寂靜不寂靜義，非寂靜外見不寂靜，無有少分能觀見想，於一切處能清淨見，亦無少有可能清淨，此是諸菩薩清淨智門。

【疏】：此處說時空平等，但先以時爲例，說爲「三世平等法性」，三世平等即過去、現在、未來時無分別，由此無分別，「是能於三世諸法如實悟入此之法門」，由是「能以平等無顯示義，了知菩提」，尤其重要的是「及觀諸法寂靜義時，不分別菩提」，於觀一切諸法時，本初覺受無分別，這才是行者住入寂靜，所謂寂靜，即是不依世俗的名言句義而成覺受。

這裡說的是禪定境界，等持、等至、等引都可起寂靜的功能。

又，說爲「菩薩清淨三世總持慧」，是即超越時空所成的現證。因爲時空是與生俱來的名言與概念，亦即極微細無明，但在相礙緣起中，亦必須適應時空才有生命形態生起，例如我們這個三度空間的世間，一切事物必須成爲立體，這就是對空間的適應。此適應我們不自知，是故落於立體的概念亦不自知，這樣便妨礙證大平等性，因爲我們會以爲一切諸法都是立體，那麼，我們的證量便限於立體的世間，甚至一切覺受都是立體的覺受，如是即無法現證大平等性，因爲不能周遍一切時空的世間。於說無上陀羅尼門時，已說超越時空，因此這裡說觀修的諸法寂靜義，便提出以現證「菩薩清淨三世總持慧」爲究竟現證。

得此總持慧，即能了知善不善無二，由是生長種種善根。這亦是超越時空而說，於此時空爲善，可能於別的時空爲不善，甚至同一時空，對這種生命形態爲善，可能對別種生命形態爲不善，由是必須知善不善平等，才能生長無礙的善根，如是，始能積聚福德智慧二種資糧圓滿。

復次，得此總慧的現證果，爲「能以平等無顯示義，了知菩提。及觀諸法寂靜義時，不分別菩提」。爲防落於寂靜而成邊見，所以又說「亦不見寂靜不寂靜義，非寂靜外見不寂靜」。爲防落於清淨而成邊見，所以又說「於一切處能清淨見，亦無少有可能清淨」。

【正文】：**由此門故，而能隨念諸佛如來無邊法藏陀羅尼門，能遍了知諸有情類自性本性，為諸有情開示演說此諸法藏，能遍清淨諸智慧業諸所願求。於阿耨多羅三藐三菩提，現等覺已，增上意樂終不退轉，及能隨念善清淨願，於一切法速得自在而能習行。**

【疏】：此處說時空之空平等，所以說「能遍了知諸有情類自性本性」，此即遍了知一切空間的情器世間，故即如上述「能以平等無顯示義，了知菩提」。

【正文】：**諸佛如來大慈大悲，一切如來善巧法藏，皆現在前，及能示現無量無邊大法光明，身常安住諸佛智境。無邊莊嚴，此無量無邊法門，誰之增語。無邊莊嚴，無量無邊者，謂一切法地水火風虛空識界，皆無量故。欲界色界及無色界，諸有情界無有量故。然無少分諸有情界可得了知，有情無故，如是如是。此有情界不可得不可了知，界無**

有故，是故諸法等涅槃界，趣入涅槃。一切諸法皆同趣入不可說處，於涅槃界無有少分而可說故。涅槃界中無有障礙，亦無蓋覆障礙，蓋覆永清淨故，是故涅槃界清淨最清淨。

【疏】： 此段經文總說超越時空的功德。亦即欲證菩提，非只超越我們這個世間的時空，必須超越一切時空的名言句義，始才爲超越一切識境，所以說這法門爲「無量無邊」。

復次，由時空的超越，說時空所成的界爲無有，由是說「是故諸法等涅槃界」，一切諸有情界與涅槃界平等，無有分別，由無分別即可「趣入涅槃」。

下文即更重申時空超越義。

【正文】： **是涅槃界，界亦非界，遠離界故、無有界故、超過界故，然以似界方便顯說。所言界者，安住非界及非非界，於言說中亦無有界，但以語言顯說諸法。所有言說及能說者，皆不可得不可了知。一切言說即非言說，如是一切言說，如虛空性，等入虛空。由是地界不能言說，無能說力，乃至空界不能言說，無能說力。言識界者，由是但以語言顯說諸法，而彼識界，界亦非界，不入諸界，不與界相應，非不相應。從虛空生入於虛空，如是識界，不在內、不在外、不在中間，隨其空分之所攝受，趣入虛空。不可施設、不可覩**

見。若不可施設，彼無所作，餘緣相應說有識界。

【疏】： 涅槃界亦不可說為界，「超過界故」，說為界，只是「以似界方便顯說」，這即是說，無論輪迴界、涅槃界都只是「似界」。所以一切識界，實從「虛空生入於虛空」，譬如鏡影，實從鏡生入於鏡；譬如螢光屏上的影像，實從螢光屏生入於螢光屏。是故當超越鏡影或影像時，即能建立一切鏡影或一切影像無分別，「不可施設」。然則何以說有識界呢？只是「餘緣相應說有識界」，這即是由相礙緣起成立識界。一切諸法，別別與其障礙相應，當其由能適應相礙而成顯現時，即名任運圓成，由是說名識界。

這裡所說，便是如來藏四重緣起義，關於四重緣起，可參考筆者其他譯著，如《四重緣起深般若》、《細說如來藏》等。

【正文】： **此是菩薩之所入門，一切諸法本性自性，猶如虛空，以依法界開示演說，而亦無有諸法之界，界非界故，一切諸法猶如虛空。是故如來，說一切法皆是虛空，量難得故。顯一切法皆虛空性，諸法本性如虛空故，但以語言開示演說。無邊莊嚴，汝觀如來智所演說，爾所清淨，彼無法可生，亦無法授與，如是清淨法教，是諸菩薩不顛倒智。是故汝等，應當願樂，不由他緣智得無分別，不增分別，及能清淨不可言說理趣法門，由**

一切法智清淨故。

佛告無邊莊嚴：諸飛鳥類於何所行。

無邊莊嚴白佛言：世尊，行於虛空。

佛復問言：虛空復何所行。

答言：世尊，如是虛空無有所行。

佛言：如是如是，一切諸法猶如虛空，無有所行。行無所行，法不可得，是故諸法無有所行，亦復不行。諸法本性無有可行，及無可說，而此法門為諸菩薩得虛空智清淨故轉，此是無邊光明法門。普遍照耀，無量無邊，猶如虛空。彼之光明普遍照耀亦不可見。菩薩得是門已，能遍觀察十方世界，及能隨見一切世間。無邊莊嚴，此是菩薩智所知地，通達智地，而非一切他論者地，彼不能說故。此法理趣是不可說法印，語言顯示不可得故。是故一切諸法不印，亦不增印，了知不印，修習善巧故。以虛空印印一切法，以無相印能示現彼虛空無相，無有為相、無語言相，以空無故，說此虛空。所言虛空，彼無實體，故說為空。以真勝義，應知諸法無言彼岸。

【疏】： 此處將一切諸法本性自性喻爲虛空。於佛典中，對於如來法身，只作虛空一喻，而且說，若以其他譬喻來譬喻如來法身，都爲邪見，所以，這裡便等於說，一切法自性本性皆爲如來法身性，亦可說爲法性。因此法性實無可定義，因爲不能用世間語言來作言說，此即「通達智地，而非一切他論者地，彼不能說故。此法理趣是不可說法印，語言顯示不可得故」。

將一切諸法自性本性歸入如來法身，由是總結全經。三陀羅尼門，依如來法身得究竟清淨見，是無上陀羅尼門；出離一切識境，得證如來法身，是爲出離陀羅尼門；由遍出離得法身故，究竟清淨，是爲清淨陀羅尼門。

【正文】：**無邊莊嚴，我於此中，當說陀羅尼印，能清淨句、為虛空句，智清淨故，如空無句，無句清淨，如是應當了無諸句。其句云何，即說咒曰——**

毘筏嚟1　毘筏囉（引）**弩娑呬諦2　鉢囉**（引、二合）**弩儞3　儞珊那**（上）**尾筏囉尼**（上）**4　阿毘夜**（二合）**筏伽**（引）**賒珊棕設儞5　鉢囉**（二合）**皤**（去）**嚟6　鉢囉**（二合）**皤**（去）**囉弭輸達儞7　涅毘羯鞞8　阿**（引）**迦**（去）**賒三摩筏娑囉尼**（上）**9　儞省霓10　省**（上）**伽**（上）**波揭底11　省**（上、去）**伽**（去）**毘牟折儞12　阿**（引）**娜**（上）**馱儞13　阿**（引）**馱**（去）**曩毘揭帝14　薑**（去）**乞沙**（二合）**掣**（去）**那鉢唎羯麼15　遏掣**（去）**泥16　阿弩鉢掣泥17　阿三**（去）**冥18　地毘耶**（二合）**19　若曩阿**（引）**呵囉寧20　鉢囉**（二合）**攘斫芻毘輸馱儞21　設黎耶**（二合、引）**播那耶儞22　地孕**（二合）**祇烏怛囉尼**（上）**23　阿喻雞24　阿毘喻雞25　阿三鉢囉**（二合）**喻雞26　阿毘鉢囉**（二合）**喻**

雞27　阿紇囉（二合）鉢馱涅賀嚟28　涅提賒鉢馱毘輸達儞29　阿底多（引）那揭多鉢囉（二合）底逾（二合）般那毘輸達儞30　訖唎（二合）多鉢唎（二合）羯摩毘儞諦31　曩多（引）囉他（二合）弩揭諦32　阿僧羯囉（二合）冥33　阿訖囉鉢馱毘輸達儞34　鉢馱鉢囉（二合）陛馱攘那毘輸達儞35　涅皤斯36　阿（去）皤（去）婆毘輸達儞37　三漫多標賒地賒毘耶（二合）筏盧羯寧38　弭囉（引）瘧（上）鉢馱涅訶嚟39　鉢囉（二合）若弭輸地40　嗚（上）皤（去）娑阿鉢囉（二合）冥迦囉尼41　阿矩羅波（二合）達摩標唎設那弭輸達儞42　步多（去）遏囉他（二合）珊標唎設儞43　阿怒毫馱遏他（二合）弭輸誕儞44　娑竭囉質多弩鉢囉吠世45　謎噓鉢唎僧薩他（二合、引）寧46　囉濕弭（二合）鉢囉（二合）多鉢儞47　薩婆路迦（引）地鉢帝耶攘囊尾輸誕儞48　阿鉢囉（二合）底褐多49　阿僧伽攘那標唎（二合）設寧50

biparibipari / anusakṛte / apranuni / nisannabicaraṇi / abhiavakarṣaṇi / saṃdarśani / prābdhani / prabhipariśodhani / nirbikalpi / ākāśasamanusāraṇi / nisaṅge / niśaṅgopagate / saṅge bimocani / anādāni / adhanabigato / kaṃkṣacchedaparikaraṃ / acchedi / anupacchedi / asame / asamasame / devabijñāne / aharaṇe / prajñācakṣubiśodhani / śallya avanāyani / tvaṅge udaraṇi / ayoge / apīyoge / asamaprayoge / apiprayoge / aprabādanirhare / nirdeśabādabiśodhani /

atitā / anāgatā / pratyutpannabiśodhani / kṛtvā parikarma binīte / na arthānugate / asaṃgrame / agrabādabiśodhani / saṃprabhedajñāna / biśodhani / nirabhāse / avabhāsabiśodhani / asamantadaśadika / byavalokani / birāgabādanirhare / prajñābiśuddhe / avabhāsa / aprameyakaraṇi / akalpadharaṃ / adarśanabiśodhani / budha artha saṃdarśani / anubodhi agrabiśodhani / sāgaracitta anuprabeśa / meruparisaṃsthani / rasmipratibhani / sarvaloka adhipati / yajñānabiśodhani / apratihata / asaṅgajñānadarśane //

佛言：無邊莊嚴，此諸陀羅尼印能清淨句，演說虛空分段之句，無有分段，遍無分段。無分段故於中無句，無句清淨。由一切法句清淨故，為彼發趣住大乘者、希求甚深清淨法者，由如來力所加持故，此諸咒句而得流布。無邊莊嚴，若善男子愛樂現證大菩提者，欲為眾生作利益者，於此咒句雖未曾聞，而能悟解。若有非人或淨居天，持此咒句，當授與彼。若有發趣阿耨多羅三藐三菩提者，諸天子等，亦持此咒而授與之。

【疏】：此處明示三陀羅尼門超越一切時空，所以便說「非人或淨居天」等，亦可持此咒句，發菩提心，趣入陀羅尼門。

此處說「演說虛空分段之句」，即說能顯示出來的陀羅尼印，是虛空分段之句。所謂「虛空分段」，即將本無分段的如來法身，分段來顯示，所以下文便接著說，「無有分段，遍無分段」。何以分段而說？此即爲顯示故，例如顯示爲我們這個世間的聲音，已經即是分段，但亦不能不顯示爲我們這個世間的聲音。這就是言說和密意的分別，密意無分段，言說則非分段不可，必須於此了知，才能觀修聲音陀羅尼門。

【正文】：**即說咒曰 ——**

烏波僧荷嚓1　娑荷嚓2　紇唎（二合）**3　室唎**（二合）**地唎**（二合）**底弭輸誕儞4　羯量曩遏他**（二合）**涅弟閃鉢囉**（二合）**底皤底5　質多末弩弭攘那弭輸誕儞6　阿**（引）**地耶**（二合）**怛麼**（二合）**麼呬遏馱鉢唎輸誕儞7　揭底臬蜜里**（二合）**底末底8　阿**（引）**褐囉儞岌多9　岌多鉢底10　薩嚓11　薩囉筏底12**

upasaṃhare / sāhare / hariśrī / dhritibiśodhani / kalyaṇa artha / nirdeśapratibati / cittamānabijñānabiśodhani / madhyam abiharadvapariśodhani / gatismṛti / mati āharaṇi / gandhagandhabati / sare sarabati //

佛言：無邊莊嚴，有諸天神住雪山中，彼等天神，若如來力之所加持，而能授與諸說法者法之光明。即說咒曰 ——

末底弭輸誕儞1　蘇育多寐唎曳（二合）**2　阿竭囉**（二合）**呬多鉢馱涅荷唎3　阿枳邏**（引）**臬儞4**

阿弭邏枲儞5　欝他（引）**曩三半寧6　弭儞多三麼**（引）**那鉢底7　末底阿揭羅**（二合）**怒孽諦8**

matibiśodhani / suyukta / birya agrahitabāda / nirhare / akilasini / abhilasini / utthānasampane / binītasamatabati / mati agra / agrāntagate //

【疏】：　此爲雪山天神加持行人得法光明之咒。咒文由字根、字尾等表義，故看來即不成字。如 matibiśodhani，由三字根組成，分開來即是：慧、藕根、珍寶，便可以理解爲：出世間與世間的慧。藕根表義出世間，珍寶表義世間。此外，藕根還有總的意思，而珍寶則有別的意思，所以這裡便還包含有總法與別法不一不異的意思，再深尋求則可以說是密意與言說不一不異。由此舉例，即知咒文實不可解，行者唯持決定見來誦咒，即能由聲音陀羅尼光明得法光明。

清淨陀羅尼品第三之二

【疏】： 下來說諸天神咒語，即如上來所說，必須超越世間始能圓證此陀羅尼門。

【正文】： **爾時，佛告無邊莊嚴：有諸天神住雞羅娑山，彼等天神，能令諸說法者六根清淨。於諸演說開示法時，助其語業令相續說。即說咒曰 ——**

鉢囉（二合）**多鉢怛底1　吠嚧折那筏底2　沒陀末底3　嚩蘇末底4　達摩末底5　遏三鉢囉**（二合）**謀**（上）**沙筏底6　粵皤珊棕唎設曩筏底7　烏波僧荷囉涅弟賒筏底8**

pradīpabidhi / birocanabati / budhimati / basumati / dharmamati / asaṃpramukhamati / avabhāsa / saṃdarśanabati / upasaṃharanirdeśanabati //

佛言：無邊莊嚴，有諸天神住娑羅林，彼等天神，能令諸說法者身語意業皆悉清淨，及能令彼言音清徹，謂美妙聲可愛樂聲，及能授與愛語不相違語。即說咒曰 ——

涅囉（引）**藍婆阿孽囉**（二合）**羯嚓1　乞曬麼毘制曳2　涅皤娑筏底3　涅荷囉筏底4　烏闍筏底5　烏波曩酩底6　烏波僧荷囉羯囉尼**（上）**7　阿**（引）**尾捨他8　伊荷馱囉尼目谿9　達摩目谿10**

達摩波吒嚟11

niralambhe / agrakare / kṣemabicaya / nirabhasabati /
nidharabati / ojobati / upanamiti / upasaṃharakaraṇi /
abhiṣeka / iha dharaṇimukhe / dharmamukhe /
dharmabatale / dharmakāma / dharmacantikā //

佛言：無邊莊嚴，有諸天神住雪山南面，彼等天神為說法者，於此法中勤修行者，樂求法者，愛樂法者，益其精氣。即說咒曰——

羯唎耶（二合）曩遏他（二合）微薩若儞1　驕賒唎耶（二合）怒孽帝2　嗚播（引）耶僧仡唎（二合）呬（引）帝3　微寧目帝4　扇（引）多鉢那微薩囉儞5　烏皤（引、上）婆耶賒筏底6

kalyaṇārthabisarjani / kośālya anagate /
upayasaṃgrihete / binirmukta / śantapadabisarani /
oṃ pasayaśapati //

佛言：無邊莊嚴，有諸天神住大海岸，彼等天神為聞法故，為諸法師而作安樂。如來為欲利益彼故，說此咒句，及天帝釋亦能授與此諸咒句，此是能攝帝釋等句。即說咒曰——

麼棄鉢底1　麼蘇莽底2　泥（引）婆（上）阿囉（二合）若3　舍至鉢底4　薩婆阿蘇囉囊5　涅羅（二合）伽（引）多儞6　未而曬（二合）野7　素鉢囉（二合）底瑟恥多8　鉢囉（二合）莽阿囉（二合）娜怒（上）比9　阿素囉（上）喃10　泥嚩南（上）阿

地鉢�（知臨反）11　薩（上）12　那布囉塞仡唎（二合）覩（引）呬涅13　泥微呬庶（上）皤（上）細14　嚩（引）娑嚩薩那15　布爛棕囉16　都17多（引）閉肆18　阿素囉（二合）薩那19　墮喏（上）阿趍（其迄反）林20　多嚩（二合）鉢施埵21微圖孕（二合）肆多22　麼訶素囉23　阿素麗那囉（二合）鉢囉演底24　避（引）多囉（二合）悉多（二合）25　那輸地賒26　那莽勃陀肆也（二合）27已曷底（二合）使曳（二合）28　曩麼獄（去）多囉（二合）29　摩訶野舍30　泥嚩（引）阿素囉肆酩31　僧孽囉（二合）名（上）32　勃陀攝陀33　阿耨多囉34　室囉（二合）末斯35　泥嚩微誓耶36那麼勃陀（引）底曩（引）莽斯37　僧（上）羯囉（二合）麼闌（引）那（去）斯末捻（引）38　勃陀囊（引）銘曩嚩呬多39　微誓曳素40　多多泥嚩41阿素囉室者（二合）42　微寧多梵43　訖里（二合）多（引）帝44　囉乞沙（二合）泥嚩（引）南（上）45麼努沙（引）南46　囉乞沙（二合）三（上）尾那47曳翳訶48　達麼儞泥世49　污多曪（二合）底50素（引）鉢囉（二合）底瑟恥（二合）多51　寧疙（魚近反）里（二合）呬多52　多嚩（二合）夜（引）阿素（引）囉53　阿囉（二合）去灑（二合）娑蘖叉緊那囉54　曩（引）伽鳩盤吒步多儞55　毘舍（引）遮那曩嚩多他56　阿者羅悉他（上、二合）曩57　鉢囉（二合）鉢覩肆58　印那囉（二合）印那囉（二合）59　布囉（二合）塞訖里（二合）多60　阿底嚴毘（引）囉61　扇（引）旦（引）者62　阿孽囉（二合）布路沙63　細（引）尾囊64　鉢囉（二合）攘漫覩（引）肆65　泥末那囉（二合）66　勃地麼（引）多他微庶路（二合）多67　阿（引）末捨翳訶68　素多囉（二合）肆氏69　阿囉（二合）乞沙（二合）三（上）末娜呬多70　娑訶薩囉（二合）泥多囉（二合）71　素（引）目佉罨播娑（二合）麗72　鉢唎嚩（引）履多73　污波悶攘（汝陽反）薩嚩（二合）甘羯忙74　布囉（二合）迷呬覩肆酩75　野訖唎（二合）檐76　阿底鉢始遮77　阿努鉢囉（二合）沒多78　阿者羅素鉢唎（二合）底瑟恥（二合）多79　訖里（二合）贍呬80　據舍藍布囉（二合）迷81　麼怒世數82　忙呬（引）鉢底83　布囉嚩（二合）盧牟肆84　泥嚩（引）南（上）85　布誓印底86　答嚩忙努（引）沙（上）87　勃陀肆野（二合）訖唎（二合）得嚩（二合）88　薩得迦（二合）藍89　布闍陛殺底90　帝莫呼91　摩訶嚩莽寧92　微者藍皤嚩南者93　素庶（引）皤底94　泥嚩來野肆（去）95　莽地野（二合）肆氏96　野去疏（二合）呬97　播履嚩履覩98　鉢囉（二合）濫磨99　呵唎磨訡者100　多嚩肆迦101　微舍那阿疙囉（二合）嚩（引）呬102　娑哆底麼底103　素囉多鉢囉（二合）底104　娑囉多娑多他105　鉢囉（二合）部（引）薩建陀106　阿儞囉者莽囉者107　摩訶磨霓108　摩訶薩建（引）陀109　摩訶計都110　素鉢囉（二合）地者111　摩訶磨囉112　翳帝藥叉113　摩訶帝喏114　阿囉（二合）乞羼（二合）底皤嚩南多嚩115　摩護藥叉鉢唎（二合）嚩（引）路116　曳那輸皤肆嚩娑嚩117

摩素薩嚩嚩素底喏118 摩訶帝喏摩訶仰儞119 摩訶鉢囉（二合）**訶囉怒制嚩120 阿尾呬**（上）**娑那耶**（引）**多替嚩者121 素名嚧暮囉陀**（二合）**儞122 多嚩嚩娑嚩123 薩嚩泥嚩124 布囉塞訖唎**（二合）**覩125 庶**（去引）**婆底126 婆嚩曩污婆**（引）**娑127 鉢囉**（二合）**磨悶者肆128 底喏娑129**

mahipatibasumati / devarājaśucibati / sarvāsuraṃ nirghatani / bajraya supratiṣṭhita / pramardanobyāsurāṇāṃ / tebam adhipatyasana / puraskṛtihinideviḥ śubhase bhasāpasadha / purandharamahāketu / tabesya surasamadha / dhvajagrāntāpapaśyantva / bidhvansitamahāsura / asurentrapalabanti / bhitattastanirdesdeśa / namaḥ buddhasyakirtisya / namaḥ gotraṃmahāyaśa / devāsurasmiṃ saṃgrame / buddhaśutamanuttara / śrabasyadevabijaya / namaḥ buddhabibhaṣita / saṃgram acantasimaṇibidyaṃ / menabhiṣitabijaye / sotatadevāsuraś ca / binitabanakṛtate / rakṣadevanaṃ manuṣyāṇaṃ / rakṣasaṃbidyayaṃ iha / dharmanirdeśottaranti / supratiṣṭhatinigrihī / tatvāyāsurarakṣasa / sayakṣakinnaranāga / kumbhāṇṭabhutapūtani / biśacaninabatathā / acalāstanapraptosi / indrapuraskṛti / adigambhiraśāca / agrapuruṣasebita / praṇamyatasyadebentra / budhimaṃtathābiśuddha / abeśehasūtrasena /

rakṣasamabitahica / sahasranetrasumukha /
apasariparivarta / upamuñcasvakakaraṃ /
pūrvahetusmayaṃkṛtaṃ / atipañca anupraptā /
acalasupratiṣṭhita / kṛtaṃhekuśalaṃbhure /
manuṣyeṣumahipati / pūrvaṃgamosya devāṇāṃ /
pūjentenacamanuṣa / buddhasya kṛttva saṅgaraṃ /
pūjabeśya titebahu / mahācamanibicaraṃ /
bhavanañcapaśotpati / devalayasyamadhasmai /
yakṣohiparibārato / pralam bhaharibahuca / tapaskara
biśatāgra / bahi satimati surat / pratisaratasatathāprabhuḥ
skandhānila camarāccha / mahābhagi mahāskandha /
mahāhetusupradhipa / mahābalamitiyakṣa /
mahātejarakṣakṣanti / bhavanantabahuyakṣa /
paribaroyenaśobha / sebasacabasusarva /
basutejamahāteja / mahāganimahāpara /
haranocayibamabhi / nirharayatathaipaśca /
sumerumutitabasba / sarvadevasuraskṛto /
śobhatebhavanobhasaṃ / prabhamuñcasitejasa //

佛言：無邊莊嚴，此是能攝帝釋等句。若善男子趣菩提者，於彼後時有諸眾生攝受法者，及為眾生攝法善巧得安住者，由是諸句，天帝釋等而當授與此等諸句。

佛言：無邊莊嚴，何者是能攝四天王并眷屬句。而說頌曰——

於彼住夜叉　無忿無擾亂
多聞之長子　及父咸恭敬
刪闍耶夜叉　及諸勝軍旅
而常擁護彼　愛樂此法者
持國大神王　恒將諸眷屬
彼亦常衛護　善説此經者
醜目之眷屬　自身與軍眾
若能住此教　一切當擁護
增長王亦爾　軍旅及諸眾
愛樂此法者　普皆作衛護
幢幡大幢力　此住於東方
大稱羅刹斯　彼皆攝入此
而於此法門　有能受持者
自身與眷屬　常親近守護
藍婆毘羯遮　并及悉馱多
奚離末底等　此皆住南方
侍衛於帝釋　彼皆攝入此
擁護益精氣　一切智者説
劍離三蜜多　及伽羅繫翅
并與蜜室多　名稱羅刹斯
皆住於西方　此等皆攝來
説法了義者　一切常擁護
實諦有實諦　名稱羅刹斯
深信於此法　彼住於北方
佛為擁護故　攝彼來入此
由如來威力　一切合掌住

佛言：無邊莊嚴，何者是能攝四天王并諸眷屬、侍從、內宮，令入之句。即說咒曰——

散寧微舍儞1　摩訶（引）薩嚟2　摩訶揭儞3　摩訶揭若儞4　鉢囉（二合）步（引）多微誓曳5　馱嚩（二合）社阿孽囉6　污播嚩（引）薩儞7　阿儞邏（引）細曩覩娑呵8　曩曩筏囊棕賒儞舍9　折埵唎（引）路（引）迦播（引）囉儞10　覩肆銘囉（引）若曩污折他11　阿（引）吠設娜12　伊呵薩曼嚩（引）呵囉他（去）13　匆囉（二合）誓寧孽囉（二合）呵14　薩迷折突地捨15

sannibhaśani / mahāsari / mahāgani / mahājani / praptabijaye / dhvajāgra / upabāsīni / anīlasintusaha / nānābaṃadaśadiśi / caturlokapālani / tusmerajana / ucchiṣṭa / abaśana / iha samanvaharatha / pracinigrahi / sarvacaturdeśa //

佛言：無邊莊嚴，何者是摧伏魔波旬句，汝應諦聽善思念之。即說咒曰——

蜜底麗（二合）1　蜜多囉嚩底2　迦路寧3　迦路曩嚩底4　微步（引）底5　微步（引）多嚩底6　鉢囉（二合）牟折儞7　鉢囉（二合）牟折囊嚩底8　訖唎（二合）多訖唎（二合）多嚩底9　阿怒仰酪10　阿怒仰莽嚩底11　鄔播（引）多掣娜儞12　伽（引）麼微嚩攘儞13　底唎（二合）瑟曩（二合）娑牟姝（去）殺儞14　儞孽唎（二合）呬（引）多忙（引）囉嚩藍15　嘔多囉囊嚩底16　鉢囉（二合）底與（二

合）多囉嚩底17 鄔閉（引）去沙怒娑呬帝18 阿（引）濫麼囊微輸馱儞19 寧那囉（二合）舍曩20 阿三（引）暮（引）訶儞21 儞瑟（二合）鉢囉（二合）半（引）者寧22

mitre mitrabati / kāruṇe kāruṇabati / bibuddhe bibuddhabati / pramocani / pramocanabati / kritakritabati / anugame / anugamabati / upatachedani / kamabibarjani / kriṣṇasamudśośini / nigṛhitam arabalaṃ uttaraṇabati / pratyuttaraṇabati / upekṣa anusahite / aramaṇabiśodhani / nidarṣana / asamohani / niṣprapañcane //

佛言：無邊莊嚴，此是摧伏魔波旬句。由是句故，不令天魔及諸軍眾而得其便。

佛言：無邊莊嚴，何者是能攝彼大梵天句，汝今諦聽善思念之。即說咒曰——

阿地鉢底1 摩訶悉他（去引、二合）曩（上）筏底2 娑嚩（二合）琰訖唎（二合）多3 悉他（引、二合）曩酪底4 曩曩摩護微尾馱5 鉢囉（二合）底與（二合）播薩他（二合）曩伽囉曩6 阿地伽薩他（二合）曩鉢底7 庶馱薩他（引、二合）曩孽覩8 娑含（引）鉢底9 阿地羯爛（引、二合）多10 微庶（引）馱曩11 庶婆鉢唎12 鉢囉庶皤（引）地目多13 鉢囉（二合）勃多（二合）室唎（二合）多14 儞嚩（引）娑囊15 鉢囉（二合）步（引）多16 鉢囉（二合）皤17 儞孽囉（二合）蹊（引）多伽（上）麼18 娑嚩（二合）悉底（二合）伽（引）麼19 鉢

囉（二合）底與（二合）播薩他（引、二合）曩20

atipati / mahāsthanabati / svayaṃkṛtsnamati / nanabahubibidha / pratyudupasthanakaraṇa / adhikasthanabati / śuddhasthanagato / sahaṃpati / adhigrantabiśeṣana / śubhapari / baraśubha adhimukta / praptaśrītā / nibhasana / prabhutaprabha / nigrahe takāmaṃ / sbastikamaṃ pratyudupasthana //

佛言：無邊莊嚴，此是能攝大梵天句。由是句故，大梵諸天能授與彼諸說法師清淨妙善等，引梵行圓滿文句。

佛言：無邊莊嚴，何者是淨居諸天法光明句，汝今諦聽善思念之。即說咒曰——

微輪（引）馱曩嚩底1　案底麼伽（引）嚕儞2　伽（引）麼磨嚩3　鄔娑（引）多（上）儞4　鉢囉（二合）涅酩多（引）儞5　鉢唎（二合）演多6　鉢囉（二合）底與（二合）波悉他（二合）曩鉢耶（引）7　嚩娑（引）曩8　阿（引）賴耶微輪（引）馱儞9　阿（引）攘鉢演多伽囉儞10　案底麼泥（上）舍11　鉢囉（二合）底與（二合）播悉他（引、二合）寧12

biśodhanabati / antimahākāruṇika / abhavaussataṇi / parinirmitani / paryantapratyudupasthana / baryabāsana / alayabiśodhani / ajñānaparyantakarani / antimadeśapratyudupasthane //

佛言：無邊莊嚴，此是淨居諸天法光明句。由是咒句而能授與諸善男子我諸法藏。

佛言：無邊莊嚴，若有天王、人王、阿修羅王、迦樓羅王、及諸龍王、或大威德、小威德者，若信不信諸眾生等，我皆授與陀羅尼句，令其信者於此法中獲增上信。其不信者默然捨之，不令得起語言諍論。說此法時，若有來作障礙留難而悉摧伏。此中何者是能攝取淨信者句。即說咒曰——

愚嚧那（上）噤1　阿者鉢麗2　娑嚩（二合）毘涅呵（引）囉3　句末泥4　涅攘曩鉢囉（二合）底微嚧異寧5　只多珊者曩儞6　只多鉢唎（二合）羯酩7　只多三（上）鉢囉（二合）娑（引）那儞8　麼曩肆也（二合）9　呵唎灑（二合）伽囉儞10　微攘曩肆也（二合）11　阿怒娑嚩（二合）底12　阿怒達麼努閉去灑（二合）寧13　呬都珊那唎舍儞14　多他阿去殺（二合）囉鉢那15　涅泥（上）舍16　輸（引）地多（上）嚩底17　野他（引）孽多18　野他努句路（上）播麼19　鄔播莽涅泥（上、引）舍20　微庶（引）地多21　怛多囉（二合）伽（引）麗22　曩者羯答微闍（二合）23　三（上）鉢囉（二合）娑（引）娜遏他（二合）覩娑麼24　野他（引）怒句孏者目佉25　鄔波僧賀囉喻儞舍26　阿（引）舍耶肆也（二合）27　微庶（引）地耶28　野他庶（引）地底29　羅去灑（二合）曩羅去灑（二合）儞30　羅去灑（二合）曩嚩底31　羅去灑（二合）囊微輸馱儞32　鉢囉底吠馱遏他33　珊那唎（二合）舍儞34　句舍囉冒他薩謎呵35　鉢囉（二合）微者曳36　娑麼娑囉儞37　訖唎多（引）怒阿囉（二合）去史（二合）38　薩底也（二合）遏替39　薩底也（二合）南（上）40　素微輸（引）地帝41

guruttare / acala / svastinirharagobide / nirjanapratibiliyiti / cittasañcanani / cittaparibāge / cittasaṃprasadhani / manasya hariśakaraṇi / bijñānasvānusvati / anudharamano upekṣaṇe / hetusandhariśaṇe / tahtā akṣarapāda / nirdeśaśodhitabati / yāthāgāthā / yathānukulasamupama / nirdeśaśodhane / tatrakaleñcakartabya / saṃprasadana arthato / samayata anukulañcamukha / upasaṃsārayoniś ca / akāśasya biśuddhaya / yathāśodhilakṣaṇi / lakṣaṇalakṣaṇabati / lakṣaṇabiśodhani / pratibodha / arthasandhariśaṇi / kuśalabodhasarveheprabicaye / samosarani / krita anurakṣi / sadya arthe / satyānaṃ subiśodhane //

佛言：無邊莊嚴，此是能攝淨信者句及授與句，由是當能授與説此法師善品及義。

善男子，我今復説摧伏不信者句。即説咒曰 ——

去灑（二合）迷1　去灑麼嚩底2　迷多囉（二合）鉢唎（二合）羯麼3　鉢囉（二合）底與（二合）波娑他（二合、引）寧4　伽路囊鉢囉（二合）底邏（引）婆5　呬多努劍跛6　散喏曩儞7　僧揭囉（二合）呵嚩薩

覩（二合）8　**呬多嚩薩覩**9　**散那囉**（二合）**舍儞**10 **鉢唎**（二合）**嚩喏儞耶**11　**嚩喏儞**12　**簸跛咩多囉**（二合）13　**細嚩儞**14　**曩坦多囉**（二合）**泥世薩他**（二合）**答微耶**（二合）15　**野多囉**（二合）**尾揭囉**（二合）**呵嚩底怒**16　**薩摩孽爛**（二合）**陀**17　**鉢囉**（二合）**那**（引）**邏儞**18　**鄔波蔗囉珊那唎舍儞**19 **儞舍囉**（二合）**夜微庶**（引）**馱儞**20　**阿**（引）**多麼**（二合）**怒伽酪**21　**鉢囉**（二合）**鄔波僧呵囉**（二合）**儞**22　**涅酪多**（引）**儞**23　**阿怒囉去沙**（二合）24　**鉢囉**（二合）**底與**（二合）**波娑他**（引、二合）**寧**25

sukṣame / sukṣame bati / maitrebarikaṃma / pratyu upasthane / karuṇa / pratilabhahita / anukampasañcanani / saṃgrahabasduhitabasdusandhariśaṇi / paribarajaniyabararajani / pāpamitrasebani / natatradeśasthatabya / yatra bitrahabartito / saṃpragranthapradalati / upacarasandhariśaṇi / niśayabiśodhani / atmānugame / para upasaṃharaṇi / nirmittani / anurakṣapratyudupasthane //

佛言：無邊莊嚴，此是調伏不信者句。由是不令造諸過惡，直爾善法尚多憎嫉，何況於此無上法教。是故此諸咒句，為滅一切諸過惡故，為斷一切煩惱故轉。

無邊莊嚴，我見眾生心無淨信，或欲鬪諍、或欲損害、或欲惱亂，而來親近如來。知彼心所動

作，隨其種類，以諸法門而作覺悟，令其捨離不善尋思，及令發起諸善根因。無邊莊嚴，如來安住於十八種不共法中，能善了知眾生心行，及能了知心所攝法。

【疏】： 對於究竟法門，釋迦有危機感，常恐其毀滅，或受誹謗，所以有《法滅盡經》，說究竟法門滅盡，此處即說「眾生心無淨信，或欲鬭諍、或欲損害、或欲惱亂，而來親近如來」，此即說眾生持諍論、誹謗而說如來法門。此猶如今日有眾生誹謗如來藏，所以釋迦的危機感，並非無因。

由知眾生誹謗究竟法，所以下來說「善能了知眾生心行」的十八不共法。這便是說，若行者能理解佛的十八不共法，即能自知心行，由此對佛所說的究竟法、對佛的密意，生慚愧心，不敢誹謗。

【正文】： **無邊莊嚴，何等名為十八佛不共法。無邊莊嚴，所謂如來於某時夜，現覺阿耨多羅三藐三菩提，乃至入於無餘涅槃，於其中間，無有誤失、無卒暴音、無忘失念、無不擇捨、無種種想、無不定心、精進無退、念無退、志欲無退、等持無退、慧無退、解脫無退、解脫智見無退。一切如來身業智為前導，隨智而轉；一切如來語業智為前導，隨智而轉；一切如來意業智為前導，隨智而轉。如來智見於過去世無著無礙；如來智見於未來世無著無礙；如來智見於現在世無著無礙。**

【疏】：上來即十八不共法，周遍身、語、意三業而成智，即身、語、意三識境轉為智境；又能周遍三時，無著無礙，由是能知三時一切眾生的心行。

依《大般若經・廣乘品》，佛十八不共法為：1、諸佛身無失；2、諸佛口無失；3、諸佛念無失；4、無異想（平等渡眾生而無揀擇）；5、無不定心；6、無不知已捨心；7、欲無減（常欲渡諸眾生心無厭足）；8、精進無減；9、念無減（無有退轉）；10、慧無減；11、解脫無減；12、解脫知見無減；13、一切身業隨智慧行；14、一切口業隨智慧行；15、一切意業隨智慧行；16、智慧知見過去世無閡無障；17、智慧知見未來世無閡無障；18、智慧知見現在世無閡無障。

【正文】：**無邊莊嚴，如來成就此等十八不共法故，無量智見力悉皆成就故，能開演此陀羅尼門清淨法品。為於不信一切有情生淨信故，為淨信者於此法門得清淨智。無邊莊嚴，如來隨所樂欲，以諸無量種種語言，分別解說此陀羅尼門，亦不能說此陀羅尼門斷疑理趣百分之一，乃至俱胝百千算數及譬喻分。何以故，此諸法門是無量門，不思議門。此所有門，能得一切智智轉故。復次，無邊莊嚴，由此如來以無量異名，今為汝等開示演說此諸法門。欲令汝等普遍了知無量法門，得陀羅尼故，即說咒曰——**

怛姪他阿（引）**唎曳1　阿**（引）**唎耶**（二合）**嚩底2 阿**（引）**唎耶**（二合）**怒**（上）**揭帝3　儞馱**（引）**寧4 儞馱曩嚩底5　嚩覩鉢囉**（二合）**酪6　嚩囉覩**（二合）**篋掣那**（上）**伽囉儞7　阿**（引）**伽**（引）**舍微輸**（引）**馱儞8　阿怒去鎩**（二合）**篋儞9　阿寧去鎩**（二合）**篋儞10　阿微孽多鉢囉酪11　阿怒播孽**（上）**底儞12　涅畔**（引）**曩鉢他微輸**（引）**馱儞13 微耶**（二合）**波儞去史**（二合）**鉢底14　阿怒播**（引）**那15　寧路**（引）**馱播囉酪16　薩嚩攘涅畔**（引）**曩**（去）**寧那囉**（二合）**舍寧17**

tad yathā ārya āryabati / āryānugate / nidhana nidhanabati / barto barto bartuba / cotnakaraṇi / ākaśabiśodhani / anukṣepaṇi / abigataparami / anupagatini / nirvāṇa avabiśodhani / byabanikṣibati / anutpada / piradhaparame / sarvañcanirvaṇa / sandhariśaṇi //

【疏】：此說「以諸無量種種語言，分別解說此陀羅尼門，亦不能說此陀羅尼門斷疑理趣百分之一，乃至俱胝百千算數及譬喻分」，即說，依佛密意而作言說，無量言說不能及佛密意百分之一，為算數譬喻所不能及。以此之故，即知一切法異門皆有局限，是即不能依言取義來理解這些法異門，如果用《金剛經》三句義來顯示，可以說為：是法異門，非法異門，名為法異門。

於佛經中，法異門甚眾，所以必須通達諸法異門，然後才能離一切法異門的言說來理解佛密意，是故於一切宗見皆不能執著。應成派不立宗義，應敵宗義而成破，即是破一切言說的執著。

【正文】：**佛告無邊莊嚴菩薩言：此諸陀羅尼印能清淨句，異名說句。由受持此陀羅尼法門，以少功用，證菩薩位差別妙智，及近大悲。由隨義覺，證得悟入一切法智。**

無邊莊嚴，此陀羅尼句是大良藥，以能除破諸重病故，復能除滅無明無智極黑闇障，隨順明法圓滿轉故。

隨何明法圓滿而轉，謂隨順明法智圓滿故，而能現證宿住智明。隨順明法智善巧故，而得出生天眼智明。隨順捨離諸煩惱故，能現證得漏盡智明。由此復能獲得一切所學波羅蜜多無上知見、一切智智見、一切智智地。

【疏】：所說「此諸陀羅尼能清淨句」，即是能清淨一切句義；「異名說句」，即是由種種異名說句義。由是即知句與異名皆不能執著，否則即不清淨。所謂出離，以此為要義。

【正文】：**無邊莊嚴，汝觀如來善能如許廣大說法，於諸方便善巧圓滿。無邊莊嚴，如來如是成就大智，能善安住一切智智力無畏等，此無上寶藏，於無量俱胝那由他劫，所修善根之所積集。以是緣故，能善安住此諸法門。今為汝等成熟佛法，於法理**

趣出生善巧，開示演說此陀羅尼清淨法品。若善男子善女人等，發心求趣大菩提者、而欲隨我正修學者、於我法教欲擁護者、於諸如來無量法藏欲受持者，於此法中，當勤修習志樂精進，住不放逸，不著三界。於一切智智心作意善加持者、於諸色緣清淨善巧善修習者、於受想行識清淨善巧勤修習者、於實諦句出生清淨勤修習者，於諸法中，應可樂求諸清淨智。

【疏】：上來總說三陀羅尼門的功德，鼓勵學人修習此究竟廣大法門。

【正文】：無邊莊嚴，由內清淨故一切法清淨、由內寂靜故一切法寂靜、由內寂滅故一切法寂滅、由內無所取故一切法無所取、由內不住故諸法不住、由內滅故一切法滅、由內無所作故一切法無所作、由內無來去故一切諸法亦無來去。無邊莊嚴，此諸門句，令諸菩薩內清淨轉。由外本性無分別故，不起分別，然能受持清淨陀羅尼門，捨離貪恚心，不貢高，為諸如來之所稱歎，於諸眾生最為殊勝，作無上主，當能證得無礙智說歡喜辯才，於前後際得清淨智，能遍記別而能隨念中道之性，及能證得無生法忍，能證緣起願殊勝性，及於諸願能遍清淨，當能遍持不共一切法智善巧，所發語言眾皆信受，能於當來雨大法雨。

無邊莊嚴，菩薩由得陀羅尼故，必定當證無生法忍，逮得一切法清淨智，及能出生如是法智，謂

一切法不生不滅；而復證得如是法智，謂虛妄生生不成就。不成就者即便散壞，散壞法者而無所趣，此一切法皆滅壞門。此滅壞門同無生相，若是無生彼即無滅。如實觀察一切諸法，遠離相已則不執著、則不戲論。

【疏】： 說觀修者，須內寂靜，亦即心識不落言說，盡離世間名言句義，如是即無所取，無所得；復須由外本性無分別故，於一切諸法不起分別，如是即成無分別。由無分別得大涅槃，由無所得證無上菩提。

【正文】： **無邊莊嚴，此是諸菩薩無生智門善巧觀察，而能入此諸陀羅尼，由是速能獲無生忍辯才具足。爾時世尊欲重宣此義，而說頌曰——**

【疏】： 下來偈頌重說本經密意，隨文易知。讀時可翻閱上來經文以作比較，並可參考筆者的疏釋，以作溫習。

【正文】：

若法虛妄生　　生已必滅壞
諸法離於有　　於誰可遍持
諸法既非有　　無有無可取
若法不可得　　於何而遍持
若不了諸法　　自性不可得
彼則行於相　　不得陀羅尼

【疏】： 抉擇：一切諸法由虛妄而生，是即由二取顯現、名言顯現而生，其生不成真實，是可決定：諸法非有、無有無可取。

抉擇：諸法無有無可取，是即一切諸法不可得，由是自性亦不可得。是可決定：於一切諸法，唯由其行相而得，因自性不可得故。是即空解脫門。

【正文】： **諸法如虛空　由是說開示**
虛空及開示　二俱無所有
此二離於有　諸法亦空無
如是解法者　彼能獲總持

【疏】： 抉擇：一切諸法爲識境，言說亦爲識境，若諸法無有，言說亦當無有。由是決定：既言說無有，是即佛之所說，唯有密意爲真實。得佛密意即得總持（陀羅尼）。

【正文】： **隨覺無初始　不分別中後**
諸法離分別　一切悉空無
若處無堅實　不實亦非有
依諸法真理　云何得遍持
如是了諸法　自性無所有
我今略說彼　得清淨總持

【疏】： 抉擇：總持爲佛密意，是故真實，是即離三時分別。何以故？以真實故必無三時分別，不能說佛之密意有三時不同。決定：若有三時分別之法，必為言說，如相依、相對之法。由相依說：有子始有父，但若由相對而言，則父必先於子，此即有三時分別，故一切相依、相對諸法，必不真實。

【正文】：**諸法如虛空　亦等於空曠**
以慧常觀察　彼能獲總持
諸法無所有　不生亦不起
無有無可取　此云何遍持
一切法無相　自性無戲論
一切皆離相　說法無所有
若能如是解　一切法如理
彼則無分別　而能得遍持

【疏】：抉擇：諸法既無所有，是即無有生起，由是即可決定一切法無相，以其所生起者即成為相，既無有生起，當然亦無有相。由是即知，可由離相而說法無所有，是即無相解脫門。

【正文】：**諸法以自性　無故不可得**
解了無有義　彼成就總持
若如是觀察　一切法不染
智不分別空　彼能持諸法
無常義空義　苦義及厭離

若以慧了知　　彼智得增長

【疏】：　抉擇：一切諸法既無所有，是即無染無淨、無善無不善，由是不成分別。決定：觀察智不分別空有，因已抉擇不成分別故。既不成分別，即可由無分別而了知無常義、空義、苦義及厭離等，是皆言說，亦即施設，非佛密意。

【正文】：**示說無所取　　涅槃如理義**
堅無分別意　　亦不分別法
由是能受持　　諸法不堅固
無有無所取　　寂靜空難見
若解法已說　　於說不分別
無著無分別　　能持此法門

【疏】：　抉擇：由無分別可決定無有無所取，是即決定由無分別得陀羅尼門。

【正文】：**若解了相已　　能了於無相**
彼亦於諸法　　不起捨離想
彼能了此義　　正覺之所說
善巧說秘密　　彼能隨我覺

【疏】：　抉擇：既一切諸法無相，是即無可捨離。由是決定：對識境一切諸法，不應起捨離想，須無捨離而捨離，亦即不作意於捨離。

【正文】：若如理觀察　無量一切法
彼捨離諸量　能覺此理趣
若能觀察法　無名及無相
能了達此義　彼能增長忍
諸願與殊勝　及如理觀察
所願并諸色　不住能違彼
了此法門義　能如理觀察
於諸法理中　彼亦無疑惑
若以慧觀察　一切諸法相
決定解了者　彼則入無相
彼於此理趣　能了善安住

【疏】：抉擇：如何無捨離而捨離？對無名無相（離名言句義與離現象），能生法忍，是即能如理觀察輪迴界與涅槃界一切法，既觀察已，即可決定無有輪迴與涅槃分別，由是對輪涅即離希疑，是即無願解脫門。

抉擇無願解脫門，則能入究竟無相，是即名言句義盡，一切諸法相亦盡。是爲究竟決定。行者即於此決定中安住，復由觀修而得現證果。

下來頌文即說此現證果，隨文易知，不復詮釋。

【正文】：如是無畏者　能速證佛法
於法不戲論　平等無分別
了法相應已　於厭離無惑
於滅不分別　蘊盡寂靜義

彼於法平等　得如理辯才
能修習慈悲　利益諸眾生
善住相應者　彼覺了無上
若離眾生相　能了法無我
法無戲論義　如理不戲論
若聞此法已　能速得淨信
彼當見正覺　彌勒兩足尊
彼令我歡喜　於此眾會中
若有聞此法　彼能作賢愛
敬愛如來者　是則無破壞
由聞此法已　能為善賢愛
若於賢劫中　欲見諸如來
修學此法門　能令諸佛喜

【疏】：下來出兩淨土，一者，西方無量壽淨土；二者，東方阿閦佛淨土。觀修此陀羅尼門，可以用無量壽佛（即阿彌陀佛）或阿閦佛（建立爲金剛薩埵）作本尊而修，其淨土即是壇城。

【正文】：無量壽威光　阿閦大名稱
若欲見彼者　當學此法門
若欲成菩提　寂靜最勝法
或求轉輪位　當學此法門
若樂求最上　善巧總持門
當於此法學　常應不放逸
若欲成廣大　最上殊勝願
求證菩提者　當學此法門

此經之所說　陀羅尼法門
能開示諸法　此印最無上
諸法內真實　以總持開示
此虛空法門　善決無邊義
所說諸善門　此法能開示
總持義善巧　陀羅尼力故
總持說為慧　能持一切法
總持義善巧　以慧能了知
於此異多釋　已善說佛法
以義正開示　無上菩提分
差別智善巧　於斯正開示
若於此法學　證無上菩提
於此教開示　無上善法門
得方便智已　應當說此法
未曾說諸法　此無上種性
於此義當學　開示甘露句
智者若欲求　諸佛無礙慧
若於此義學　當獲最上智
我於往昔時　無量無數劫
若不學此法　不證寂理趣
由我曾供養　無量百千佛
為是能了知　說此無上法
我為諸眾生　作無邊義利
汝等應當作　得此陀羅尼
若能了知此　陀羅尼門印
智者由一句　能入此法門
我智慧無上　亦無有數量

由我具智蘊　能開示此法
智者於此求　隨覺菩提義
於此義法門　無畏當勤學
智者若欲求　廣大智慧性
於佛生尊重　當學此法門
若欲轉法輪　及吹大法螺
智者應如理　當學此法門
若欲放光明　普照無邊際
求於佛法時　於此如理學
於天人世間　若欲為上首
彼可學此經　決定一切法
欲求廣大智　發起諸功德
樂求佛慧時　於此應隨學
欲開示法門　樂求於最勝
無戲論佛智　於此義當學
若欲樂開示　無礙智所說
修學此法已　應說甘露句
若欲照俱胝　無量無邊界
彼等於此教　應當善修學
此無上法門　能淨除諸法
一切法清淨　於此經中說
種智兩足尊　演此廣大法
於為菩薩說　此經最無上

〔後分〕

【正文】：佛告無邊莊嚴：是故諸菩薩，於此法教生愛樂已，為攝此法令久住故，復為哀愍諸眾生故，於此法教應當書寫、受持、讀誦。無邊莊嚴，若復有人，於彼時中聞此法已，於如來所，以愛樂心而常思念，彼諸人等，當得如來無邊法藏諸陀羅尼，辯才具足，於一切法速得自在，能具攝受不可思議佛剎莊嚴（之）聲聞、菩薩。

【疏】：此爲囑咐。

【正文】：無邊莊嚴，若諸菩薩住一切法無戲論者，由陀羅尼清淨門故，此諸法門常得現前，皆能攝受無量不可思議殊勝功德。

無邊莊嚴，此是第三陀羅尼門清淨法品。無邊莊嚴，於彼後時，若有菩薩，欲隨我學此陀羅尼法門者，當親近善友，遠離惡友。為遍擁護此諸法門，當捨身命受持陀羅尼清淨法印。譬如迦利邸迦月圓滿時，光明照耀，於眾星中最為殊勝，如是此陀羅尼印三品，攝受所有法門亦復如是。於一切契經中，此法光明最為殊勝，一切菩薩皆大尊重故，能出生無量辯才。

此無量辯才，應知即是不放逸地，何者是於不放逸地，謂於此法作意思維，如理觀察，不生妄念，如是能令遍忍清淨。

若諸菩薩精勤志求不放逸者，於此法門應善修習，為令此法得久住故，心常謙下，尊重於法，書寫經卷，不離身手。見有志樂希求法者、發心趣向大菩提者，應當為彼開示、流布、教授、讀誦、書寫經卷，乃至隨義而為解釋。如其受持所有法門不應藏匿，願諸眾生得此無上佛法利益，我等當令一切眾生於諸佛法常不缺減。如是菩薩，於法無悋，常樂施人，於義不秘，盡皆為說，無少法門而不開示。無邊莊嚴，應為利益安樂諸眾生故，汝當受持此法門品陀羅尼門能清淨句。

【疏】：此重作囑咐，並說修習者當親近善知識，捨身命受持陀羅尼清淨法印。

【正文】：爾時，世尊復告尊者阿難陀曰：汝當受持此法門品。我諸弟子承事我者，亦當受持如是經典。

時阿難陀白世尊言：以佛神力，我已受持。我由成就此法門故，無量法門皆得現前。

佛言：阿難陀，如是如是，如汝所說。由佛威力及此法門遍清淨故，諸有受持此法門者，及親事我能受持者，無量法門皆得現前。是故，阿難陀，汝當受持如來法教無量法藏。

說此法時，於眾會中，無量菩薩即便獲得大法光明。得法光故，無量諸佛所說法門皆得現前，及得近於一切智智，如所樂求，勝願莊嚴

悉能成就。

【疏】： 釋迦告阿難陀尊者，受持法門，是囑咐小乘弟子當受此陀羅尼門；菩薩得大法光明，是菩薩已受此陀羅尼門。此即聲聞、緣覺、菩薩三乘歸於一乘之義。一乘名一佛乘，是即不二法門，如來藏法門，無上瑜伽密續建立為大圓滿法門。

【正文】： **阿難陀，汝觀諸法本性甚深，如是如來能於無名相法作名相說，又能開示諸法本性，亦復淨除，令見清淨。雖說諸法，無法可說，亦無能說。**

佛言：阿難陀，若能如是觀諸法性，便得發生無量智慧。

說此法時，無數菩薩證無生法忍；無量眾生發阿耨多羅三藐三菩提心，於阿僧衹劫當證無上正等菩提，復能出生無量辯才。爾時，世尊加持此陀羅尼門，放大光明，其光普照無量無邊諸佛世界。由此光明，彼諸世界所有菩薩，皆悉得聞此陀羅尼，聞此法已，能遍成熟菩提法分。於彼復有無量眾生，皆發阿耨多羅三藐三菩提心。當於爾時，一切眾生皆得安樂。是時復有諸天，雨天波頭摩華。於大眾會諸菩薩中，唱如是言：願一切眾生得佛智慧。

【疏】： 說此法門能周遍無量無邊諸佛世界，是即超越時空之義。

【正文】：**爾時，無量辯才菩薩白佛言：世尊，當何名此法門，我當云何奉持。**

佛告無量辯才菩薩言：此法門名陀羅尼王，亦名陀羅尼印，亦名三品所攝善巧。汝當受持，此是無邊辯才，攝一切義善巧法門。由此法門，而能照了一切諸法，斷一切疑。是故諸菩薩於此法門，應當奉持。

爾時一切大眾，為供養法故，以五色華散於佛上。佛說此經已，諸菩薩摩訶薩一切眾會，及天人阿修羅乾闥婆等，聞佛所說，皆大歡喜信受奉行。

【疏】：最後，由無量辯才菩薩問佛，以無量辯才即是無量言說故，明三陀羅尼亦是言說，由言說能顯示密意，即是由識境能顯示智境。此如，由螢光屏上的影像能顯示螢光屏的功能（喻爲如來法身功德）；影像世間即可由此功能見螢光屏（喻爲由如來法身功德見如來法身）。由此譬喻，即知何以本經著重於「無量辯才」。無量辯才與無邊莊嚴實爲同等，同是智境上的識境隨緣自顯現。

後說

後說

全經說三陀羅尼門，以無上陀羅尼門為基礎，觀修時即依此陀羅尼門所說見地，而作抉擇及決定。由觀修得次第決定，至究竟決定時，復由觀修而成現證。於觀修，說為出離陀羅尼門，出離一切諸法自性，出離一切諸法相，出離一切名言句義，然而卻須知佛密意，由不作意捨離而成捨離，此由究竟決定而得。說之為「盡」，「盡」的意思是無須作意而成捨離，上來已舉例言，人於少年，即童年盡；人於青年，即少年盡，如是等等，皆自然而然，未嘗有絲毫作意。必須無作意而成出離，始能得清淨陀羅尼門果。所謂清淨，即由無自性、無相、無厭離而成清淨，亦即離識境、名言句義，離現象的性相，能入智識雙運的境界，始能名為清淨。此智識雙運境界，即妙吉祥菩薩所說的不二法門，亦即如來藏。

於本經中，未出如來藏之名，但其密意實說如來藏。學人若但執言說，不深求佛的密意，便可能起諍論，說本經三陀羅尼門非說如來藏。復次，對密乘有偏見的學人，亦可能因三陀羅尼門皆有密咒，於是輕視本經，這兩種情形都成對如來藏的誹謗。若去除偏見，則知本經實有甚深密意，此如說一切諸法本性自性，由是始可說為空性，是即超越一般的說法「無自性空」，同時更能令學人理解「緣生性空」的深密意，亦必須如此，才能依彌勒的瑜伽行作觀修，因為彌勒瑜伽行有善取空與惡取空的分別，倘對「無自性空」或「緣生性空」理解錯誤，必落入惡取空，是則無法依彌勒瑜伽行觀修，而且對此法門亦成誹謗。這對學人來說，是非常危險的事。倘若更依自己的偏見來教導後學，佛已斥之爲「一盲引眾盲，相將入火坑」。

對本經略作疏釋，不詳細詮說經中的名相，對初學者來說，或許有所不便，但筆者的疏文，已盡量引出佛說的密意，期望讀者思維這些密意，對名相則不必過分注意。此處有筆者的苦心所在，縱有不便，亦祈原諒。

更者，筆者所說密意，或有疏漏，則祈通達如來藏思想的學者予以賜正。密意難知，尤其本經的密意甚爲深密，以筆者之淺陋，未必全能了知，所以期望賜正，並不是一句客套說話。筆者發心弘揚如來藏思想，實在希望能得信解如來藏思想的學者合作，共同完成匡扶如來藏此佛家究竟見的事業。

主編者簡介

談錫永，廣東南海人，1935年生。童年隨長輩習東密，十二歲入道家西派之門，旋即對佛典產生濃厚興趣，至二十八歲時學習藏傳密宗，於三十八歲時，得甯瑪派金剛阿闍梨位。1986年由香港移居夏威夷，1993年移居加拿大。

早期佛學著述，收錄於張曼濤編《現代佛教學術叢刊》，通俗佛學著述結集爲《談錫永作品集》。主編《佛家經論導讀叢書》，並負責《金剛經》、《四法寶鬘》、《楞伽經》及《密續部總建立廣釋》之導讀。其後又主編《甯瑪派叢書》及《大中觀系列》。

所譯經論，有《入楞伽經》、《四法寶鬘》（龍青巴著）、《密續部總建立廣釋》（克主傑著）、《大圓滿心性休息》及《大圓滿心性休息三住三善導引菩提妙道》（龍青巴著）、《寶性論》（彌勒著，無著釋）、《辨法法性論》（彌勒造、世親釋）、《六中有自解脫導引》（事業洲巖傳）、《決定寶燈》（不敗尊者造）、《吉祥金剛薩埵意成就》（伏藏主洲巖傳）等，且據敦珠法王傳授註疏《大圓滿禪定休息》。著作等身，其所說之如來藏思想，爲前人所未明說，故受國際學者重視。

近年發起組織「北美漢藏佛學研究協會」，得二十餘位國際知名佛學家加入。2007年與「中國人民大學國學院」及「中國藏學研究中心」合辦「漢藏佛學研究中心」主講佛學課程，並應浙江大學、中山大學、南京大學之請，講如來藏思想。

全佛文化圖書出版目錄

佛教小百科系列

□ 佛菩薩的圖像解說1-總論•佛部	320
□ 佛菩薩的圖像解說2-菩薩部•觀音部•明王部	280
□ 密教曼荼羅圖典1-總論•別尊•西藏	240
□ 密教曼荼羅圖典2-胎藏界上	300
□ 密教曼荼羅圖典2-胎藏界中	350
□ 密教曼荼羅圖典2-胎藏界下	420
□ 密教曼荼羅圖典3-金剛界上	260
□ 密教曼荼羅圖典3-金剛界下	260
□ 佛教的真言咒語	330
□ 天龍八部	350
□ 觀音寶典	320
□ 財寶本尊與財神	350
□ 消災增福本尊	320
□ 長壽延命本尊*	330
□ 智慧才辯本尊	290
□ 令具威德懷愛本尊*	320
□ 佛教的手印	290
□ 密教的修法手印-上	350
□ 密教的修法手印-下	390
□ 簡易學梵字(基礎篇)*	300
□ 簡易學梵字(進階篇)*	350
□ 佛教的法器	290
□ 佛教的持物	330
□ 佛教的塔婆	290
□ 中國的佛塔-上	240
□ 中國的佛塔-下	240
□ 西藏著名的寺院與佛塔	330
□ 佛教的動物-上	220
□ 佛教的動物-下	220
□ 佛教的植物-上	220
□ 佛教的植物-下	220
□ 佛教的蓮花	260
□ 佛教的香與香器	280
□ 佛教的神通	290
□ 神通的原理與修持	280
□ 神通感應錄	250
□ 佛教的念珠	220
□ 佛教的宗派	295
□ 佛教的重要經典	290
□ 佛教的重要名詞解說	380
□ 佛教的節慶	260
□ 佛教的護法神	320
□ 佛教的宇宙觀	260
□ 佛教的精靈鬼怪	280
□ 密宗重要名詞解說	290
□ 禪宗的重要名詞解說-上	360
□ 禪宗的重要名詞解說-下	290
□ 佛教的聖地-印度篇	200

佛菩薩經典系列

□ 阿彌陀佛經典	350
□ 藥師佛•阿閦佛經典	220
□ 普賢菩薩經典*	260
□ 文殊菩薩經典	260
□ 觀音菩薩經典	220
□ 地藏菩薩經典	260
□ 彌勒菩薩•常啼菩薩經典	250
□ 維摩詰菩薩經典	250
□ 虛空藏菩薩經典	350
□ 無盡意菩薩•無所有菩薩經典	260

佛法常行經典系列

□ 妙法蓮華經	260
□ 悲華經	260
□ 大乘本生心地觀經•勝鬘經•如來藏經	200

- [ ] 小品般若波羅密經 220
- [ ] 金光明經 • 金光明最勝王經 280
- [ ] 楞伽經 • 入楞伽經 360
- [ ] 楞嚴經 200
- [ ] 解深密經 • 大乘密嚴經 200
- [ ] 大日經* 300
- [ ] 金剛頂經 • 金剛頂瑜伽念誦經 200

三昧禪法經典系列

- [ ] 念佛三昧經典 260
- [ ] 般舟三昧經典 220
- [ ] 觀佛三昧經典 220
- [ ] 如幻三昧經典 250
- [ ] 月燈三昧經典(三昧王經典) 260
- [ ] 寶如來三昧經典 250
- [ ] 如來智印三昧經典 180
- [ ] 法華三昧經典 260
- [ ] 坐禪三昧經典 250
- [ ] 修行道地經典 250

修行道地經典系列

- [ ] 大方廣佛華嚴經(10冊) 1600
- [ ] 長阿含經(4冊) 600
- [ ] 增一阿含經(7冊) 1050
- [ ] 中阿含經(8冊) 1200
- [ ] 雜阿含經(8冊) 1200

佛經修持法系列

- [ ] 如何修持心經 200
- [ ] 如何修持金剛經 260
- [ ] 如何修持阿彌陀經 200
- [ ] 如何修持藥師經-附CD 280
- [ ] 如何修持大悲心陀羅尼經 220
- [ ] 如何修持阿閦佛國經 200
- [ ] 如何修持華嚴經 290
- [ ] 如何修持圓覺經 220
- [ ] 如何修持法華經 220
- [ ] 如何修持楞嚴經 220

守護佛菩薩系列

- [ ] 釋迦牟尼佛-人間守護主 240
- [ ] 阿彌陀佛-平安吉祥 240
- [ ] 藥師佛-消災延壽(附CD) 260
- [ ] 大日如來-密教之主 250
- [ ] 觀音菩薩-大悲守護主(附CD) 280
- [ ] 文殊菩薩-智慧之主(附CD) 280
- [ ] 普賢菩薩-廣大行願守護主 250
- [ ] 地藏菩薩-大願守護主 250
- [ ] 彌勒菩薩-慈心喜樂守護主 220
- [ ] 大勢至菩薩-大力守護主 220
- [ ] 準提菩薩-滿願守護主(附CD) 260
- [ ] 不動明王-除障守護主 220
- [ ] 虛空藏菩薩-福德大智守護(附CD) 260
- [ ] 毘沙門天王-護世財寶之主(附CD) 280

輕鬆學佛法系列

- [ ] 遇見佛陀-影響百億人的生命導師 200
- [ ] 如何成為佛陀的學生-皈依與受戒 200
- [ ] 佛陀的第一堂課-四聖諦與八正道 200
- [ ] 業力與因果-佛陀教你如何掌握自己的命運 220

洪老師禪座教室系列

- 靜坐-長春.長樂.長效的人生 200
- 放鬆(附CD) 250
- 妙定功-超越身心最佳功法(附CD) 260
- 妙定功VCD 295
- 睡夢-輕鬆入眠•夢中自在(附CD) 240
- 沒有敵者-強化身心免疫力的修鍊法(附CD) 280
- 夢瑜伽-夢中作主.夢中變身 260
- 如何培養定力-集中心靈的能量 200

禪生活系列

- 坐禪的原理與方法-坐禪之道 280
- 以禪養生-呼吸健康法 200
- 內觀禪法-生活中的禪道 290
- 禪宗的傳承與參禪方法-禪的世界 260
- 禪的開悟境界-禪心與禪機 240
- 禪宗奇才的千古絕唱-永嘉禪師的頓悟 260
- 禪師的生死藝術-生死禪 240
- 禪師的開悟故事-開悟禪 260
- 女禪師的開悟故事(上)-女人禪 220
- 女禪師的開悟故事(下)-女人禪 260
- 以禪療心-十六種禪心療法 260

密乘寶海系列

- 現觀中脈實相成就-開啟中脈實修秘法 290
- 智慧成就拙火瑜伽 360
- 蓮師大圓滿教授講記-藏密寧瑪派最高解脫法門 220
- 密宗的源流-密法內在傳承的密意 240
- 恒河大手印-傾瓶之灌的帝洛巴恒河大手印 240
- 岡波巴大手印-大手印導引顯明本體四瑜伽 390
- 大白傘蓋佛母-息災護佑行法(附CD) 295
- 密宗修行要旨-總攝密法的根本要義 430
- 密宗成佛心要-今生即身成佛的必備書 240
- 無死-超越生與死的無死瑜伽 200
- 孔雀明王行法-摧伏毒害煩惱 260
- 月輪觀•阿字觀-密教觀想法的重要基礎 350
- 穢積金剛-滅除一切不淨障礙 290
- 五輪塔觀-密教建立佛身的根本大法 290
- 密法總持-密意成就金法總集 650
- 密勒日巴大手印-雪山空谷的歌聲，開啟生命智慧之心 480

其他系列

- 入佛之門-佛法在現代的應用智慧 350
- 普賢法身之旅-2004美東弘法紀行 450
- 神通-佛教神通學大觀 590
- 認識日本佛教 360
- 華嚴經的女性成就者 480
- 準提法彙 200
- 地藏菩薩本願經與修持法 320
- 仁波切我有問題-一本關於空的見地、禪修與問答集 240
- 萬法唯心造-金剛經筆記 230
- 菩薩商主與卓越企業家 280
- 禪師的手段 280
- 覺貓悟語 280
- 蓮花生大士祈請文集 280

女佛陀系列

- 七優曇華-明末清初的女性禪師(上) 580
- 七優曇華-明末清初的女性禪師(下) 400

禪觀寶海系列

- □ 禪觀秘要 1200
- □ 通明禪禪觀-迅速證得六種神通與三種明達智慧的方法 290
- □ 首楞嚴三昧-降伏諸魔的大悲勇健三昧 420

高階禪觀系列

- □ 念佛三昧-迅速匯集諸佛功德的法門 290
- □ 十種遍一切處禪觀-調練心念出生廣大威力的禪法 280
- □ 四諦十六行禪觀-佛陀初轉法輪的殊勝法門 350
- □ 三三昧禪觀-證入空、無相、無願三解脫門的禪法 260
- □ 大悲如幻三昧禪觀-修行一切菩薩三昧的根本 380
- □ 圓覺經二十五輪三昧禪觀-二十五種如來圓覺境界的禪法 400

虹彩光音系列

- □ 現觀中脈 250
- □ 草庵歌 250
- □ 阿彌陀佛心詩 250
- □ 觀世音·時空越 250
- □ 妙定功法 250
- □ 蓮師大圓滿 260
- □ 冥想·地球和平 心詩 280

佛家經論導讀叢書系列

- □ 雜阿含經導讀-修訂版 450
- □ 異部宗論導讀 240
- □ 大乘成業論導讀 240
- □ 解深密經導讀 320
- □ 阿彌陀經導讀 320
- □ 唯識三十頌導讀-修訂版 520
- □ 唯識二十論導讀 300
- □ 小品般若經論對讀-上 400
- □ 小品般若經論對讀-下 420
- □ 金剛經導讀* 270
- □ 心經導讀 160
- □ 中論導讀-上 420
- □ 中論導讀-下 380
- □ 楞伽經導讀 400
- □ 法華經導讀-上 220
- □ 法華經導讀-下 240
- □ 十地經導讀 350
- □ 大般涅槃經導讀-上 280
- □ 大般涅槃經導讀-下 280
- □ 維摩詰經導讀 220
- □ 菩提道次第略論導讀 450
- □ 密續部總建立廣釋 280
- □ 四法寶鬘導讀 200
- □ 因明入正理論導讀-上 240
- □ 因明入正理論導讀-下 200

大中觀系列

- □ 四重緣起深般若-增訂版 420
- □ 心經內義與究竟義-印度四大論師釋《心經》 350
- □ 聖入無分別總持經對堪及研究 390
- □ 《入楞伽經》梵本新譯 320
- □ 《寶性論》梵本新譯 320
- □ 如來藏論集 330
- □ 如來藏二諦見 360
- □ 聖妙吉祥真實名經梵本校譯 390
- □ 聖妙吉祥真實名經釋論三種 390
- □ 《辨中邊論釋》校疏 400

離言叢書系列

□ 解深密經密意	390	□ 無邊莊嚴會密意	190
□ 如來藏經密意	300	□ 勝鬘師子吼經密意	340
□ 文殊師利二經密意	420	□ 龍樹二論密意	260
□ 菩提心釋密意	230	□ 大乘密嚴經密意	360
□ 龍樹讚歌集密意	490	□ 大圓滿直指教授密意	290
□ 智光莊嚴經密意	420	□ 圓覺經密意	280
□ 藏密甯瑪派禪修密意	240		

談錫永作品系列

□ 閒話密宗	200	□ 佛家名相	220
□ 西藏密宗占卜法-妙吉祥占卜法(含卡牌、文殊咒字骰子套組)	790	□ 密宗名相	220
		□ 佛家宗派	220
□ 細說輪迴生死書-上	200	□ 佛家經論-見修法鬘	180
□ 細說輪迴生死書-下	200	□ 生與死的禪法	260
□ 西藏密宗百問-修訂版	210	□ 細說如來藏	280
□ 觀世音與大悲咒-修訂版	190	□ 如來藏三談	300

甯瑪派叢書-見部系列

□ 九乘次第論集	380	□ 無修佛道	360
□ 甯瑪派四部宗義釋	480	□ 幻化網秘密藏續釋-光明藏	560
□ 辨法法性論及釋論兩種	480	□ 善說顯現喜宴-甯瑪派大圓滿教法	650
□ 決定寶燈	480	□ 勝利天鼓雷音-金剛乘教法史	1040

甯瑪派叢書-修部系列

□ 大圓滿心性休息導引	395	□ 幻化網秘密藏續	480
□ 大圓滿前行及讚頌	380	□ 六中有自解脫導引	520

幸福地球系列

□ 不丹的幸福密碼11-11-11 不丹人心目中的仁王，國家幸福力的創造者:四世國王	1111	□ 雷龍之吼-不丹王國生存奮鬥史	450
□ 幸福是什麼？- 不丹總理 吉美．廷禮國家與個人幸福26講	380	□ 地球企業家之道-地球企業家的核心、願景與實踐	480
□ 冥想．地球和平	380	□ 和解	250

全佛文化事業有限公司
訂購專線:886-2-2913-2199
傳真專線:886-2-2913-3693
單冊購書9折
（郵購請加郵資100元，滿千免運）

匯款帳號：3199-717-004240
合作金庫銀行大坪林分行
戶名：全佛文化事業有限公司
全佛文化網路書店
www.buddhall.com

※本書目資訊與定價可能因書本重版再刷而異動；書籍流動量大亦有缺書可能，購書歡迎洽詢出版社。

離言叢書02

《無邊莊嚴會密意》

作　　者　談錫永
主　　編　談錫永
美術編輯　李　琨
執行編輯　莊慕嫻
封面設計　張育甄
出　　版　全佛文化事業有限公司
訂購專線：(02)2913-2199
傳真專線：(02)2913-3693
匯款帳號：3199717004240 合作金庫銀行大坪林分行
戶名／全佛文化事業有限公司
全佛文化圖書網址：www.buddhall.com
全佛門市：覺性會館・心茶堂／新北市新店區民權路88-3號8樓
門市專線／(02)2219-8189
行銷代理　紅螞蟻圖書有限公司
台北市內湖區舊宗路二段121巷19號（紅螞蟻資訊大樓）
電話：(02)2795-3656
傳真：(02)2795-4100
製　　版　瑞豐實業股份有限公司

初版一刷　2012年08月
初版二刷　2022年06月
定　　價　新台幣190元
ISBN　978-986-6936-64-7(平裝)

國家圖書館出版品預行編目資料

無邊莊嚴會密意 / 談錫永著；
-- 初版. -- [新北市]：全佛文化, 2012.08
面；　公分. -- (離言叢書；02)

ISBN 978-986-6936-64-7(平裝)

1.方等部
221.31　　101014906

Buddhall

Published by BuddhAll Cultural Enterprise Co.,Ltd.

BuddhAll

All is Buddha.

BuddhAll.

BuddhAll